BIBLIOTHECA MYTHICA

Henri Gaidoz

—⁂—

La Rage & St-Hubert

PARIS
ALPHONSE PICARD, ÉDITEUR, RUE BONAPARTE, 82
M.D.CCC.LXXXVII
TOUS DROITS RÉSERVÉS

La Rage & St-Hubert

ANGERS. IMP. BURDIN ET Cie, RUE GARNIER

Bibliotheca Mythica

Henri Gaidoz

La Rage & St-Hubert

PARIS
ALPHONSE PICARD, ÉDITEUR, RUE BONAPARTE, 82

M.D.CCC.LXXXVII

TOUS DROITS RÉSERVÉS

INTRODUCTION

S'il est « un mal qui répand la terreur », c'est bien la maladie, d'origine encore inconnue, qui rend le chien fou[1], c'est bien cette démence, étrangement contagieuse par la salive. Les découvertes de M. Pasteur ont ajouté un remède certain et bénin au remède héroïque de la cautérisation au fer rouge, trop souvent impraticable parce qu'il doit être immédiat. Un mal aussi répandu et aussi désespéré que la rage a donné lieu à bien des croyances et à bien des pratiques, et comme ce mal était jusqu'à M. Pasteur resté à peu près en dehors de la médecine, puisque celle-ci était impuissante, ces croyances et ces pratiques se sont conservées jusque sous nos yeux mêmes, tandis que pour les autres maladies, le médecin a, peu à peu, remplacé « l'homme à secrets », le sorcier, le thaumaturge.

La médecine est sortie de la sorcellerie, comme la science est sortie de l'empirisme : les hasards de l'observation, les tâtonnements dans l'essai des vertus des plantes et des minéraux, les théories philosophiques sur la sympathie et les

---

1. Dans plusieurs provinces, pour « chien enragé », on dit « chien fou » et quelquefois « chien malade. » (E. Rolland, *Faune populaire de la France*, t. IV, p. 74.) De même en anglais et en allemand.

rapports mystérieux des choses et des êtres, avaient suscité une foule de remèdes et de pratiques qui furent la première pharmacopée et la première thérapeutique. Mais comme l'homme vivait dans le surnaturel et par le surnaturel, qu'il ne voyait dans les êtres et dans les forces de la nature que des personnalités et des volontés semblables à la sienne, comme il projetait son imagination sur la nature et qu'une observation restreinte ne faisait qu'augmenter ses illusions, il joignait à ces premiers remèdes des rites propitiatoires, des paroles mystérieuses, des cérémonies qui devaient conjurer les mauvais esprits et requérir les esprits secourables. Ce qui inspirait confiance, ce qui semblait guérir, c'était justement l'élément mystérieux, surnaturel, religieux du traitement : c'était encore la sorcellerie instinctive des peuples non civilisés, ce n'était pas encore la médecine. Puis, quand la médecine est née, les vieilles pratiques se sont conservées et continuées, par une tradition non interrompue, dans les couches profondes des sociétés qui sont civilisées à leur niveau supérieur et moyen. Les croyances, les pratiques et les superstitions du peuple ont été la science des âges précédents ; c'est là leur intérêt pour l'histoire de l'humanité ; c'est aussi la raison d'être d'études où l'on s'occupe de détails vulgaires, d'apparence futile ou ridicule.

CHAPITRE PREMIER

LA RAGE DANS L'ANTIQUITÉ CLASSIQUE; SES CAUSES; SURVIVANCES THÉRAPEUTIQUES

§ 1. Causes de la rage. — § 2. Remèdes sympathiques. — § 3. Croyances diverses. — § 4. Fontaine: terre sacrée; temple d'Artémis. — § 5. L'âne est-il enragé ? — § 6. La mer et la rage. — § 7. La cautérisation.

CHAPITRE PREMIER

LA RAGE DANS L'ANTIQUITÉ CLASSIQUE ; SES CAUSES ; SURVIVANCES THÉRAPEUTIQUES

La rage doit, comme la plupart des maladies, être aussi vieille que la création. Aussi est-elle mentionnée dès l'aurore de l'histoire. Dans l'Iliade un guerrier grec compare Hector à un chien enragé[1]. Ce n'est pourtant qu'assez tard que les écrivains grecs s'occupent de la maladie, et Hippocrate n'en a point parlé. Aristote, qui pourtant avait observé tant de choses, fait, à propos de la rage, une observation qui nous étonne : « Ce mal, dit-il, cause la mort, non pas seulement des chiens, mais de tous les êtres qu'ils mordent, *l'homme excepté*[2]. » Cette étrange assertion détonne dans la littérature classique, car le virus de la rage passait pour si funeste que si seulement la salive du chien enragé touchait le corps de l'homme, celui-ci, disait-on, devenait enragé[3]. Une pierre mordue par un chien enragé n'était guère moins funeste que le chien lui-même : « Une pierre mordue par un chien » était un proverbe de discorde[4] ; et, selon Élien, une semblable pierre, mise dans le vin du banquet, suffisait pour rendre tous les convives furieux[5].

---

1. *Iliade*, VIII, 299.
2. Aristote, *Animaux*, VIII, 22.
3. Galien, *Œuvres*, éd. Kühn, t. VIII, p. 423.
4. Pline, *Hist. Nat.*, XXIX, 32.
5. Élien, *Animaux*, I, 38.

§ 1. — Causes de la rage

Comment s'imaginer l'origine de la rage chez le chien? Les savants cherchent encore, car aucune des hypothèses mises en avant n'a pu être constatée ni établie. Mais si les hommes qui savent et qui raisonnent sont les derniers à se prononcer sur la question des causes premières, il n'en est pas de même de la masse de l'humanité. Celle-ci ne sera jamais agnostique, et elle ne dort tranquille que si une hypothèse, bonne ou mauvaise, satisfait son désir de savoir et surtout son besoin de croire.

Dans les croyances populaires, les maladies se ramènent d'ordinaire à trois causes : la présence d'un mauvais esprit dans le corps ; un sort jeté par un ennemi ; et enfin des vers. Au lieu de vers le peuple aurait dit des *microbes*, s'il avait connu le mot ; et il peut, dans quelques cas, avoir instinctivement trouvé juste, par exemple pour les maux de dents. C'est une croyance universelle qui les attribue à la présence de vers dans la bouche ; or la carie dentaire paraît aujourd'hui résulter d'un être microscopique, champignon ou microbe, qui se développe et se propage sur les gencives. La croyance au ver se rencontre dans bien d'autres cas encore. C'est « pour tuer le ver » que l'ouvrier de Paris prend le matin à jeun un petit verre de vin blanc. C'est encore un usage très répandu de couper le bout de la queue aux jeunes chats à cause du ver qui s'y trouve et qui les ferait périr ou les rendrait chétifs toute leur vie.

C'était là, dans l'antiquité, une des explications de la rage : mais où était le ver? Pour les uns il était dans la queue : « Columelle, dit Pline, prétend que si quarante jours après la naissance des chiens on leur coupe la queue avec les dents, et qu'on enlève la dernière articulation avec le nerf qui y est attenant, la queue ne croît plus, et les chiens ne deviennent pas enragés¹. » Selon d'autres, le ver était à la langue : « Les chiens, dit encore Pline, ont à la langue un petit ver appelé par les Grecs *Lytta* (rage) : quand on l'ôte aux jeunes chiens, ils ne deviennent point enragés et ne perdent jamais l'appétit. Ce même ver porté trois fois autour du feu se donne aux individus mordus par un chien enragé, pour prévenir la rage²... » Gratius Faliscus, dans son *Cynégétique*, rapporte la même explication sous une forme plus scientifique : « L'affreux et cruel fléau se manifeste à l'endroit où la langue est adhérente au gosier par une membrane qu'on appelle *le petit ver*³. » L'opération que l'on croyait préservatrice s'est continuée jusqu'à notre époque sous le nom d'*éverement* ou *éverration* : le verbe *éverrer*, avec ce sens et cette intention, est dans le dictionnaire de Littré. En 1864, un des collaborateurs du *Bulletin de la Société protectrice des animaux*, crut encore utile d'écrire contre « l'extraction d'un prétendu ver à la langue et à la queue des chiens⁴. » Pourtant au commencement du siècle dernier, un grand médecin, Morgagni, avait démontré que ce qu'on prenait pour un ver était simplement un cordon blanchâtre. Morgagni croyait aussi devoir réfuter l'opinion qui expliquait la rage par un ver né dans le cerveau du chien ; et il ajoutait, en médecin peu porté à la théorie microbienne : *sæpe enim vermes facile creduntur qui non sunt*⁵.

On trouve encore d'autres explications de la rage. D'après Élien, elle provient de l'excès de bile⁶ et une théorie analogue est encore courante chez les chasseurs de Saint-Brieuc⁷. Dans une autre opinion que rapporte Pline, les

---

1. Pline, *Hist. Nat.*, VIII, 63, et Columelle, *De re rustica*, VII, 12.
2. Pline, *Hist. Nat.*, XXIX, 32.
3. Gratius Faliscus, *Cyneget.*, 386.
4. Numéro de janvier 1864.
5. Morgagni, *Opera* (Ed. de Paris, 1820-22), t. I, p. 449-450.
6. Élien, *Animaux*, VIII, 9.
7. « J'ai entendu il y a longtemps, m'écrit M. E. Ernault, un vieux chasseur de Saint-Brieuc, qui était passé maître en son art, raconter

chiens deviendraient enragés quand ils auraient goûté du sang de femme, à de certains moments[1]; ce sang passait en effet chez les anciens pour avoir des vertus merveilleuses et terribles, et l'on s'en servait dans certains sortilèges. Dans le nord de l'Allemagne, en Oldenbourg, c'est quand les chiens ont mangé l'arrière-faix d'une jument[2]. En Arabie, raconte M. Burton, c'est quand les chiens ont mangé des morceaux de chair qui tombent du ciel[3]. Cette explication se rattache sans doute à l'histoire de la « chasse sauvage » (en allemand *Wilde Jagd*), car on croit dans nos pays d'Europe qu'elle sème sur son chemin des membres sanglants et des morceaux de chair. Sur la côte de la Manche, on croit que lorsque les chiens boivent l'écume dont la mer se couvre au moment du flux, ils prennent la rage avec cette écume. Chez les Anciens, la rage paraît aussi avoir été mise en rapport avec les jours caniculaires, mais on ne trouve rien de précis à cet égard et peut-être est-ce un simple jeu de mots[4].

§ 2. — REMÈDES SYMPATHIQUES

Un grand nombre de remèdes de la médecine populaire, qui n'est en somme que l'ancienne médecine, repose sur la théorie de la sympathie, c'est-à-dire d'une correspondance mystérieuse entre la cause (vraie ou supposée) du mal et

qu'il connaissait un moyen de préserver ses chiens de la rage. C'était une recette connue parmi les chasseurs. Ce moyen consistait à saisir et à presser avec les doigts les chairs de l'anus du chien. Joignant la démonstration à la théorie, il fit devant moi cette opération à un de ses chiens... il fit ainsi sortir sous sa main une sorte de mucosité, en petite quantité... »

1. Pline, *Hist. nat.*, VII, 13.
2. Wuttke, *Der deutsche Volksaberglaube*, 2e édit., p. 40.
3. R. Burton, *A pilgrimage to Mecca*, t. II, ch. IV.
4. Voir Preller, *Griechische Mythologie*, 2e édit., t. I, p. 356, n., et Pline, *Hist. Nat.*, VIII, 63.

le patient, ou entre le patient et tel être, tel objet dans lequel on fera passer le mal. A cette doctrine se rattache celle dont une école médicale a fait un principe en disant : *similia similibus curantur*, « les semblables se guérissent par les semblables. » Et cette doctrine, par une rencontre curieuse, s'est trouvée vérifiée par la découverte de la vaccine, il faut dire aujourd'hui des vaccines. L'application de ces idées à la guérison de la rage se rencontre sous de nombreuses formes. La plus usuelle est celle qu'exprime un de nos dictons du xvi° siècle :

> Contre morsure de chien de nuit
> Le mesme poil très bien y duit (convient).

C'est-à-dire qu'on prend du poil du chien qui vous a mordu et qu'on l'applique sur la blessure ; le mal est ainsi guéri. La pratique est, on peut dire, universelle : nous l'avons constatée dans toute l'Europe, dans l'Inde et en Chine[1]. Dans quelques cas on procède un peu différemment : on brûle les poils et on en mêle la cendre à du vin qu'avale le mordu[2]. Pline recommandait de mettre sur la plaie la cendre d'une tête de chien[3]. Autre recette sympathique : on mange la chair du chien qui a mordu[4]. Le plus souvent c'est le foie : le traitement est déjà signalé par le médecin grec

---

1. Rolland, *Faune populaire*, t. IV, p. 59 ; Liebrecht, *Zur Volkskunde*, p. 353: *Notes and Queries*, 1ʳᵉ sér., t. VI, p. 316 et 365 ; 2ᵉ série, t. II, p. 239, 279 ; 3ᵉ sér., t. VII, p. 276, etc. ; Tylor, *Primitive Culture*, t. I, p. 84 ; *Edda* (Havamal 138) ; Dyer, *English Folk-Lore*, p. 144 ; Strakerjan, *Aberglauben, etc., aus Oldenburg*, t. I, p. 81 ; Wuttke, *op. cit.*, p. 301-302 ; Petrowitsch, *Die Volksmedicin bei den Serben*, dans le *Globus*, t. XXXIII, p. 348 ; Black, *Folk-Medicine*, p. 50 ; Rossi, *Superstizioni*, p. 398 ; Bernoni, *Tradizioni popolari Veneziane*, p. 177 ; *Folk-Lore Journal*, t. I, p. 373 ; Dennys, *Folk-Lore of China*, p. 52 ; *Germania*, t. XXVII, p. 376.
2. De Gubernatis, *Zoological Mythology*, t. II, p. 39 ; De Chesnel, *Dictionnaire des superstitions*, col. 977.
3. Pline, *Hist. nat.*, XXIX, 32.
4. Pline, *ibid.*, et Andry, *Recherches sur la rage* (Paris, 1780), p. 327.

Dioscoride[1] ; il est encore ordonné par un médecin du xviie siècle, La Martinière, « médecin et opérateur ordinaire du Roi[2] », et de notre temps le peuple l'applique encore en différents pays. D'autres fois c'est le cœur que l'on fait cuire et que l'on mange, d'autres fois la tête[3]. On attachait aussi au blessé, dit Pline, un ver pris sur le cadavre du chien[4] ; c'était sans doute le fameux ver de la langue qui était censé donner la rage. La dent du chien qui avait mordu mise dans une petite vessie, dit Dioscoride, et portée au bras comme une amulette, était un autre remède[5].

C'est à cette même croyance de la sympathie et de l'influence des noms qu'il faut rapporter l'emploi de deux plantes qui ont du chien dans leur nom. « Le seul remède contre la morsure du chien enragé, dit Pline, a été indiqué récemment comme par un oracle, c'est la racine de rosier sauvage qu'on appelle *cynorrhodon*, littéralement « rose de chien[6] » : c'est aussi un des noms populaires en France et en Angleterre (*dog-rose*) du rosier sauvage ou églantier, parce que c'est une plante sans parfum et sans valeur à côté du véritable rosier ; et Pline, avec sa crédulité ordi-

---

1. Dioscoride, *Mat. med.* II, 49 ; Pline, *Hist. Nat.*, XXIX, 32 ; Black, *op. cit.*, p. 119 ; Dyer, *op. cit.*, p. 143 ; Strakerjan, *op. cit.*, t. I, p. 81 ; Andry, *op. cit.*, p. 61 et 327 ; Brouardel, art. *Rage* (*Dict. encycl. des sciences médic.*, 3e série. t. II, (1874), p. 189 ; *Alemannia*, t. V, p. 62.

2. Voir Andry, *Recherches sur la rage*, Paris, 1780, p. 327. « Dans le même chapitre, notre auteur (La Martinière) prétend avoir préservé de la rage plusieurs personnes mordues par un loup enragé, en leur faisant manger de la chair de ce loup et en mettant de cette chair sur leur plaie pendant vingt-quatre heures ; puis faisant panser les plaies avec son *emplâtre angélique* ou *onguent royal*. « Andry remarque, du reste, pour son propre compte (p. 61) à propos du foie du chien enragé, « que ce remède désagréable ne mérite aucune attention et qu'il doit être proscrit ».

3. Gregor, *Folk-Lore of N. E. of Scotland*, p. 127, et ouvrages cités plus haut.

4. Pline, *Hist. Nat.*, XXIX, 32.

5. Dioscoride, *Mat. Med.*, II, 49.

6. Pline, *Hist. Nat.*, VIII, 63.

naire, raconte une historiette, évidemment inventée après coup pour expliquer l'emploi de la « rose de chien » : « Récemment la mère d'un garde prétorien reçut en songe l'avis d'envoyer à son fils la racine du rosier sauvage nommé *cynorrhodon*, dont la vue l'avait frappée agréablement la veille dans un taillis, et de lui en faire boire le suc. Ceci se passait dans la Lacétanie, partie de l'Espagne la plus proche de nous. Le hasard fit que le soldat mordu par un chien reçut la lettre où sa mère le priait de suivre cet avis divin, alors qu'il commençait à éprouver de l'horreur pour l'eau : il obéit et fut sauvé contre toute espérance, ainsi que l'ont été depuis tous ceux qui ont essayé du même remède[1]. » C'est sans doute la plante dont Galien parle sous le nom d'*Alyssos*, litt. antirage[2]. Au siècle dernier, la même plante figure encore dans une « omelette antihydrophobique[3]. » Par la même influence mystérieuse qui est dans les noms, on croit en Allemagne (et sans doute aussi ailleurs) à la vertu spéciale d'une plante que la forme particulière de ses feuilles a fait appeler « langue de chien » (en allemand *Hundszunge*, en anglais *Hound's tongue*, c'est le *cynoglossum officinale* de Linné). On croit que cette plante exerce une influence magique sur les chiens, et que

---

1. Pline, *ibid.*, XXV, 6.
2. Galien, *Œuvres*, éd. Kuhn, t. VI, p. 823.
3. En voici la recette comme curiosité de l'histoire de la médecine :

« Prenez de la racine de rosier sauvage, tirée de la terre avant le lever du soleil, lavez-la, faites-la sécher et râpez, sans enlever l'écorce : prenez ensuite trois jaunes d'œufs frais, battez pendant un peu de temps dans trois onces d'huile de noix, et mêlez-y quarante grains de la poudre mentionnée; faites rougir une poêle et y jetez peu à peu ce mélange, remuant le tout avec une spatule de bois jusqu'à ce que l'omelette soit faite. Donnez-la à manger au malade le matin à jeun, ayant attention qu'il soit deux heures sans rien prendre. M. Housset, médecin d'Auxerre, et l'un de nos correspondants, assure que ce remède, tout simple qu'il est, a paru réussir constamment. » Andry, *Recherches sur la rage*, Paris, 1780, p. 333.

si on en porte sous les orteils, on n'est ni attaqué ni poursuivi par les chiens¹.

§ 3. — CROYANCES DIVERSES

Les procédés prophylactiques et l'assurance contre la rage, si l'on peut ainsi parler, reposent sur ces mêmes principes de thérapeutique qui pour nous sont aujourd'hui puérils. « Les chiens, dit Pline, fuient un individu portant sur soi le cœur d'un chien ; ils n'aboient pas si l'on porte dans un soulier, sous le gros orteil, une langue de chien, ou la queue d'une belette qu'on a laissée aller après l'opération². » La « langue de chien, » dont parle Pline, est-elle à prendre au propre ou au figuré, c'est-à-dire comme plante ? Il est difficile de le dire. Des phylactères analogues sont la peau d'un loup (car le loup enrage comme le chien et il est plus dangereux encore), la dent d'un chien noir (Bohême)³, ou encore quand on voit un chien enragé, de se mordre le pouce de la main droite (Bohême)⁴. Par le même effet de la sympathie, si on est mordu sans que le chien soit enragé, mais qu'il le devienne plus tard, on le sera soi-même. C'est pour cette raison que dans plusieurs pays (notamment en Écosse) on abat le chien qui vous a mordu lors même qu'il n'est pas enragé⁵.

Le nombre des remèdes imaginés contre la rage est immense, et dès l'antiquité même ; on peut voir dans le médecin grec Galien la longue liste des infusions, des cataplasmes et surtout des « bols » recommandés par les praticiens de l'antiquité⁶. Pour un grand nombre de ces remèdes,

---

1. Friedreich, *Symbolik und Mythologie der Natur.*, p. 283.
2. Pline, *Hist. Nat.*, XXIX, 32.
3. Grohmann, *Aberglauben, etc., aus Bœhmen*, p. 54.
4. Wuttke, *op. cit.*, p. 287.
5. Rolland, *op. cit.*, t. IV, p. 75 ; et Gregor., *op. cit.*, p. 127.
6. Galien, *Œuvres*, éd. Kühn, t. XIV, p. 168.

la recette et l'usage s'en sont conservés dans la pratique médicale presque jusqu'à notre temps, comme on peut voir par le curieux livre d'Andry, si récent par la date (1780), si arriéré par l'esprit. La médecine est en effet une série de tâtonnements et d'essais sur les propriétés des substances naturelles : à cet égard même, il est difficile de faire le départ entre le remède superstitieux et le remède naturel. Nous nous bornons ici aux remèdes de la rage qui n'ont pas, pour nous du moins, leur explication et leur raison d'être dans des propriétés naturelles, mais bien dans une influence mystérieuse (on dit aujourd'hui superstitieuse), ou dans l'intervention d'une puissance surnaturelle. Mais ce qui est la superstition d'une époque est la science d'une époque antérieure. Les « cures sympathiques » sont simplement l'application de principes philosophiques, — principes à priori, principes métaphysiques — qui étaient la « science » des anciennes générations, aussi indiscutable pour elles que le sont pour nous aujourd'hui les principes de la chimie et de la physique.

Achevons rapidement notre revue de la thérapeutique superstitieuse de la rage dans l'antiquité. Pline va nous montrer comme elle se mêle aux recettes qui *pourraient* avoir leur valeur par les propriétés des substances employées. Pline vient de parler du ver de la rage que les chiens portent à la langue.

Ce même ver porté trois fois autour du feu se donne aux individus mordus par un chien enragé, pour prévenir la rage : on la prévient encore avec la cervelle du coq; mais cette substance, prise à l'intérieur, ne garantit que pour l'année courante. On dit que la crête de coq broyée, ou la graisse d'oie avec du miel, est un topique efficace. On sale la chair des chiens enragés et on la fait manger contre la rage. Bien plus, on noie immédiatement dans l'eau de petits chiens du sexe de l'animal qui a mordu, et l'on en fait manger par l'individu mordu le foie cru. La fiente de coq, pourvu qu'elle soit rousse, est utile ; on l'applique avec du vinaigre, ainsi que la cendre de la queue de musaraigne, pourvu qu'on laisse aller vivant l'animal mutilé ; un morceau de nid d'hirondelle appliqué avec du vinaigre, des petits d'hirondelles incinérés, la vieille peau dont un serpent s'est dépouillé au printemps, broyée avec une écrevisse mâle dans du vin... Telle est la force de la rage qu'on ne marche point impunément sur l'urine d'un chien enragé, surtout si l'on a quelque ulcère ; le remède alors est d'appliquer du crottin de cheval humecté de vinaigre et chauffé, dans une figue. On s'étonnera moins de ces effets violents si l'on songe qu'une pierre mordue par un chien est passée en proverbe pour exprimer les querelles. Celui qui urine sur de l'urine de chien éprouve, dit-on, de l'engourdissement dans les reins [1].

Gratius Faliscus, dans son poème sur la chasse, que nous avons déjà cité, mentionne des amulettes destinées à préserver du mauvais œil autant que de la rage, des touffes de poils de blaireau attachés au collier, des colliers de coquillages réputés pour leur vertu, de la pyrite, des coraux de Malte, des plantes sur lesquelles on a prononcé des paroles magiques [2].

§ 4. — FONTAINE ; TERRE SACRÉE ; TEMPLE D'ARTÉMIS

Le culte des fontaines, qui joue un si grand rôle dans les croyances religieuses — et là encore un fait de thérapeutique naturelle se mêle à une idée d'intervention surnatu-

---

1. Pline, *Hist. Nat.*, XXIX, 32 (traduction de M. Littré) ; cf. XXVIII, 43.
2. Quid priscas artes inventaque simplicis ævi (*var.* anni).
   Si referam ? non illa metus solatia falsi
   Tam longam traxere fidem : collaribus ergo
   Sunt qui lucifugæ cristas inducere melis
   Jussere, aut sacris conserta monilia conchis,
   Et vivum lapidem, et circa melitensia nectunt
   Curalia, et magicis adjutas cantibus herbas.
   Ac sic offectus, oculique venena maligni
   Vicit tutela pax impetrata deorum.

GRATII FALISCI *Cynegeticon*, v. 399-407. — Cf. la note de Wernsdorf sur le vers 402. (*Poetæ Latini Minores*, éd. Lemaire, t. I, p. 66 et 90.)

relle et de vertu mystérieuse — a dû également être représenté chez les anciens dans le traitement de la rage. Nous n'en connaissons pourtant qu'un exemple dans l'antiquité. Chez un peuple de l'Arcadie, les Cynæthéens — et ce nom, qui paraît dériver du nom grec du chien, donnait peut-être à cette pratique son origine et sa signification — il y avait, dit Pausanias, une fontaine que l'on appelait *Alyssos*, littéralement « l'antirage. » Elle devait son nom à ses propriétés curatives. « Tout homme qui, mordu par un chien, est possédé de la rage ou se trouve attaqué soit par un ulcère, soit par quelque autre mal, se guérit en buvant l'eau de cette fontaine [1]. » La terre de Lemnos, dissoute dans du vin avec du genièvre, est un remède que recommande Galien [2]; sans doute parce que la terre de Lemnos était sacrée. De même notre Grégoire de Tours raconte que de la terre de Jérusalem on faisait de petites pâtes qu'on envoyait dans les diverses parties du monde, et qui guérissaient très souvent les malades [3]. Artémis (Diane), la déesse de la chasse, devait tout naturellement être invoquée dans les cas de rage. Nous n'avons pourtant qu'un exemple du fait : à Rocca, dans l'île de Crète, elle avait un temple où l'on menait les chiens enragés ; un auteur assure même que les chiens qui ne pouvaient se guérir s'y jetaient d'eux-mêmes dans la mer, du haut d'un promontoire [4].

---

1. Pausanias, *Description de la Grèce*, VIII, 19, 3.
2. Galien, *op. cit.*, t. XII, p. 174.
3. Greg. Tur., *De gloria martyrum*, I. 7. Des pratiques analogues se rencontraient encore dans les derniers siècles. Ainsi de plusieurs paroisses suisses, notamment de Morlon (canton de Fribourg), on venait tous les deux ans à Aoste (en Piémont) chercher de la terre bénite le jour où l'on célébrait la fête de la translation de saint Grat. Une des spécialités de ce saint est de protéger les biens de la terre des insectes nuisibles, et la terre qu'on venait chercher près de son tombeau portait avec elle cette vertu. Abbé Bethaz, *Vie de saint Grat* (Aoste, 1834), p. 192.
4. Élien, *Animaux*, XII, 22.

§ 5. — L'ANE EST-IL ENRAGÉ ?

Pendant que nous sommes dans l'antiquité, citons un amusant tableau de mœurs que nous fournissent les *Métamorphoses* d'Apulée. Le héros de l'histoire a eu la malechance d'être changé en âne, tout en gardant son *moi* humain, et c'est lui-même qui raconte ses mésaventures. Il vient de faire une sottise ; il s'est jeté comme furieux dans la maison, brisant et renversant tout sur son passage.

Un petit domestique, le visage bouleversé et plein d'effroi, entre brusquement et hors de lui dans la salle du festin pendant que les convives chuchotaient familièrement ensemble; et il annonce à son maître que de la rue voisine un chien enragé vient d'entrer par la porte de derrière avec une rapidité sans égale; que dans son ardente fureur il s'est jeté sur les chiens de chasse, qu'il a gagné ensuite l'écurie prochaine, et que là il s'est élancé sur la plupart des bêtes de somme avec un pareil acharnement; qu'il a fini par ne pas même épargner les hommes : Myrtile le muletier, Héphestion le cuisinier, Hypatavius le valet de chambre, Apollonius le médecin, et encore plusieurs autres des gens ont essayé de le mettre en fuite; il les a déchirés tous de différentes manières, mais ce qui est positif, c'est que les morsures empoisonnées qu'il a faites aux bêtes ont communiqué à quelques-unes d'entre elles le transport de la même rage.

Cette nouvelle frappe aussitôt tous les esprits. Persuadés que c'était également la contagion de ce mal qui m'avait rendu furieux, ils saisirent les premières armes venues, et s'exhortant les uns les autres à prévenir un trépas commun, ils se mettent à ma poursuite, bien plutôt enragés que moi. Sans aucun doute avec les dards, avec les épieux, surtout avec les haches que les domestiques fournissaient facilement, ils m'auraient mis en menus morceaux, si à la vue d'un orage aussi terrible et aussi périlleux je ne me fusse promptement jeté dans la chambre où avaient été logés mes maîtres. Au même instant on ferme, on barricade les portes sur moi, on fait le blocus de la place; et l'on se dispose à attendre que, sans nul danger pour les assiégeants, les ravages mortels de cette rage opiniâtre aient épuisé mes forces et causé ma mort. Mais de cette manière je possédais enfin ma liberté; et profitant de l'heureux avantage d'être seul, je me jetai sur un lit tout fait où je me reposai comme dorment les humains, douceur dont j'étais privé depuis si longtemps.

Il était déjà grand jour lorsque, délassé de mes fatigues par la mollesse de ma couche, je me relevai plein de vigueur. On avait passé la nuit en faction pour me garder, et je les entendis qui disaient ainsi sur mon compte : « Pouvons-nous croire que ce misérable baudet soit encore en proie aux transports de la rage? Le venin, parvenu à sa plus grande intensité, ne se sera-t-il pas plutôt tout à fait amorti? » Les opinions étant partagées, on conclut à l'explication du fait; et regardant au travers d'une fente, ils voient que je suis tranquillement en place sans donner le moindre signe de maladie ou d'extravagance. Ils s'empressent bientôt d'ouvrir la porte, et veulent s'assurer plus complètement que je suis enfin adouci.

Mais un d'eux, vrai sauveur que m'envoyait le ciel, indique aux autres le moyen suivant pour reconnaître si je me porte bien : « Présentons lui à boire un seau d'eau fraîche; s'il ne frissonne pas, s'il le prend comme à l'ordinaire, et si cette eau lui fait plaisir, vous saurez, dit-il, qu'il est sain et délivré de tout mal; si au contraire, la vue, le contact du liquide lui inspirent de la répugnance et de l'effroi, regardez comme certain qu'une rage redoutable le possède encore opiniâtrement. C'est une expérience indiquée par les anciens auteurs et une observation habituelle. » Son avis ayant été goûté, on va quérir aussitôt un grand vase, que l'on remplit d'une eau bien claire à la fontaine la plus voisine; et non sans trembler encore, ils me la présentent. Mais moi, loin d'hésiter un instant, je m'avance, je cours même au devant d'eux, car j'avais une soif ardente; et plongeant la tête tout entière, j'avale à longs traits cette eau bienfaisante sans laquelle j'allais vraiment périr. Bientôt on me frappa doucement avec la main, on me secoua les oreilles, on me prit par mon licou, on m'éprouva de toutes les façons; et je me montrai si patient que, revenus de leur absurde présomption, tous me reconnaissent clairement pour un personnage des plus pacifiques [1].

---

1. Apulée, *Métamorphoses*, livre IX. — Nous citons Apulée dans la traduction de M. V. Bétolaud.

§ 6. — LA MER ET LA RAGE

Bien que nous nous abstenions de donner ici les remèdes de l'antiquité qui présentent un substratum discutable mais d'ordre rationel, nous ferons exception pour deux d'entre eux. Le premier se rencontre dans une anecdote où l'on voit différents traitements en présence. Sur la côte de Crète, à Methymna, des enfants viennent d'être mordus par un chien. Que faire? Parmi les spectateurs, les avis sont partagés. Les uns veulent faire manger aux enfants le foie du chien qui les a mordus; les autres veulent les mener à la déesse Artémis de Rocca. Mais un vieux pêcheur qui revenait de la pêche est d'un autre avis; il vante la vertu du poisson qu'on nomme hippocampe (c'est le *syngnathus hippocampus* des naturalistes). On l'écoute, on le croit. Il prend dans sa barque un hippocampe, lui ouvre le ventre, en arrache les entrailles. Une partie de ces entrailles, il la donne à manger aux enfants; de l'autre, avec du vinaigre et du miel, il fait un cataplasme qu'il pose sur les plaies. Et les enfants guérirent, dit Élien [1].

Un autre traitement s'est conservé de l'antiquité jusqu'aux temps modernes comme croyance et comme pratique, c'est le traitement par les bains, soit dans une piscine, soit de préférence dans la mer. « La mer, dit Iphigénie dans Euripide, lave tous les maux des hommes [2] ». Suivant quelques-uns, dit le médecin latin Celse, il faut mettre le mordu dans un bain et le faire suer; et laver la plaie à découvert, afin de faciliter la sortie du virus; si le patient a la frayeur de l'eau, on le jettera à l'improviste dans une piscine qu'il n'aura pas vue [3].

---

1. Élien, *Animaux*, XIV, 20.
2. Euripide, *Iphigénie en Tauride*, 1193.
3. Celse, *De medic.*, V, 27. Cette ruse se trouve encore dans un petit livre du colportage qui a conservé jusqu'à notre époque la tradition médicale de l'antiquité. *La médecine et la chirurgie des pauvres*, 12ᵉ éd., Avignon, 1868, p. 285.

C'était une croyance autrefois répandue en France, — et peut-être la retrouverait-on encore chez les riverains de la mer — qu'on guérissait une personne mordue en la plongeant dans la mer. Un ouvrage français du xiv° siècle sur la chasse fait mention du remède, sans y croire beaucoup. « Aucuns en vont à la mer, qui est un bien petit remède[1] ». « Les autres asseuroyent, dit Guillaume Bouchet dans ses *Serées* (1585), que l'eau de la mer guerissoit les enragez, si on les jette dedans ; et de faict on les mene maintenant à la mer, comme le plus asseuré remède. » Le nombre de plongeons était marqué : c'était le nombre sacramentel trois ; *terna in mare immersio*, est-il dit au commencement du xviii° siècle, chez Morgagni[2]. Andry mentionne parmi les *remèdes moyens*, « les bains de mer, d'eau salée, les bains froids et l'immersion dans ces différents bains » ; il donne plusieurs exemples de ce traitement, les uns malheureux, les autres suivis de succès[3].

Cette croyance était, du reste, générale, et le remède recommandé sans conteste, à la cour comme à la ville. Mme de Sévigné écrivait à sa fille, Mme de Grignan, en 1671 : « Au reste, si vous croyez les filles de la Reine enragées [il s'agit de ses dames d'honneur], vous croirez bien. Il y a huit jours que Mme de Ludres, Coëtlogon et la petite de Rouvroy furent mordues d'une petite chienne, qui était à Théobon. Cette petite chienne est morte enragée ; de sorte que Ludres, Coëtlogon et Rouvroy sont parties ce matin pour aller à Dieppe, et se faire jeter trois fois dans la mer. Ce voyage est triste ; Benserade en étoit au désespoir. Théobon n'a pas voulu y aller, quoiqu'elle ait été mordillée. La Reine ne veut pas qu'elle la serve, qu'on ne sache ce qui arrivera de toute cette aventure. Ne trouvez-vous point, ma bonne, que Ludres ressemble à Andromède ? Pour moi, je

---

1. *Le livre du roy Modus et de la royne Racio*, éd. Elzéar Blaze (Paris, 1839), feuillet XLV, recto.
2. Morgagni, *op. cit.*, t. I, p. 420.
3. Andry, *op. cit.*, p. 63.

la vois attachée au rocher, et Tréville [le comte de Tréville, célèbre par son esprit et sa galanterie] sur un cheval ailé qui tue le monstre...¹ » Et Mme de Sévigné termine par une comparaison gaillarde qui ne touche pas à notre sujet.

La comédie s'est même emparée de ces pratiques, une fois au moins :

Une petite pièce jouée à Paris sur le Théâtre de la Foire, en 1725, roule précisément sur ce sujet. La scène se passe à Dieppe, où Angélique, qui aime Clitandre, s'est fait conduire par son père, sous prétexte de morsure de chien enragé. Le médecin, qui est dans la confidence, déclare au père qu'il est absolument nécessaire de joindre à l'efficacité des bains de mer celle du mariage, et, après diverses péripéties causées par la terreur qu'inspire à Pierrot et à Arlequin la redoutable maladie qui est en jeu, le mariage se conclut. On peut croire qu'il y avait dès lors une certaine affluence aux bains de Dieppe, car le médecin des bains est ainsi célébré :

> A ses secrets admirables
> On accourt de tous côtés.
> . . . .
> Enfin ce docteur guérit
> Rage de corps et d'esprit².

On appliquait le même traitement aux chiens, car, au XVIᵉ siècle, Jacques du Fouilloux, dans sa *Vénerie*, recommande un bain d'eau salée pour les chiens mordus, afin de les « empêcher d'enrager. » On les y plongeait neuf fois, c'est-à-dire trois fois trois.

§ 7. — LA CAUTÉRISATION

La cautérisation au fer rouge ne figure point dans la

---

1. Sévigné, *Lettres*, éd. Monmerqué, t. II, p. 105.
2. *Origine des bains de mer* (Dieppe), article du *Magasin Pittoresque*, t. XXV (1857), p. 214-215. L'auteur de cet article cite aussi (d'après

médication de la rage chez les anciens. Celse mentionne seulement la cautérisation en passant, mais il n'indique pas le genre de cautère : « C'est principalement, dit-il, quand la morsure provient d'un chien enragé qu'il faut, à l'aide de ventouses, en extraire le virus ; après cette opération il faut brûler la plaie[1]. » Ce silence a lieu de nous étonner, car le fer rougi au feu est le cautère « actuel, » comme disent les médecins, le plus anciennement connu. « Dans une première période qui commence avec Hippocrate, que l'on pourrait, au reste, faire remonter plus haut, le feu sous ses différentes formes régna sans contrôle ; le fer rouge était le remède suprême : lorsqu'il échouait, le malade était déclaré incurable... Les successeurs d'Hippocrate suivirent sa pratique[2]... » Le premier qui appliqua le fer rougi au feu à la morsure faite par le chien ou le loup enragé, fut un bienfaiteur de l'humanité, un Pasteur préhistorique : mais qui sait son nom, et même son époque ? Il est confondu avec tous les grands inventeurs des âges obscurs de l'humanité, dont les découvertes successives ont créé peu à peu la civilisation, troupe de pâles ombres dissimulées dans la nuit et dont nous ne pouvons même pas évoquer les souvenirs ! « Il y a eu bien des hommes vaillants avant Agamemnon, a dit le poète latin : mais tous sont accablés sous une longue nuit, sans qu'on les pleure, sans qu'on les connaisse, car il leur a manqué la parole inspirée d'un poète ! » La cautérisation par le fer rouge ne paraît que très tard dans des pratiques consacrées par la religion chrétienne ; elle leur est sans doute antérieure ; mais, faute de documents, on ne peut rien affirmer.

Van Helmont) l'histoire d'un homme attaché par des cordes aux vergues d'un navire, et que de temps en temps, on descendait pour lui faire faire un plongeon. Il avait été mordu par un chien enragé.

1. Celse, *loc. cit.*
2. *Dictionnaire de médecine* du Dr Dechambre, t. XIII p. 405. (Art. *Cautère.*)

CHAPITRE DEUXIÈME

SAINT HUBERT ET SA LÉGENDE

§ 1. La Légende. — § 2. L'histoire. — § 3. Le mythe. — § 4. Le miracle du cerf.

CHAPITRE DEUXIÈME

SAINT HUBERT ET SA LÉGENDE

Parmi les saints sous l'invocation desquels on traite la rage, paraît au premier rang saint Hubert « le grand thaumaturge de l'Ardenne, » comme on l'a souvent appelé, « le patron des chasseurs » comme on l'appellera longtemps encore.

§ 1. — LA LÉGENDE

La vie de saint Hubert est différente suivant qu'on la raconte d'après la légende, ou d'après les documents anciens. Nous allons la raconter d'abord d'après la légende, car ici, c'est la légende qui est vraiment la réalité. C'est en effet la légende qui a vécu, qui a traversé les âges, qui a exercé et qui exerce encore un empire accepté par les âmes : le saint Hubert prosaïque de l'histoire lui a prêté un nom et un corps, mais il n'a guère fait davantage.

Nous prendrons la légende dans les petits livres pieux qui ont fixé les traits du saint, popularisé son culte et sa spécialité antirabique. De petits livres de ce genre s'impriment encore pour le colportage, par exemple à Épinal ; mais remontons plus haut et prenons l'*Abrégé de la vie et miracles de* SAINT HUBERT *patron des Ardennes, par un religieux de l'Abaye dudit Saint-Hubert. A Luxembourg, chez G.-B. Ferry, imprimeur et marchand-libraire*, 1734, *avec permission des Supérieurs.* 55 p. in-18 (avec quelques pages non numérotées). Une gravure représente la scène traditionnelle : saint Hubert, descendu de cheval et agenouillé devant le cerf miraculeux qui porte un crucifix entre ses bois. Au-dessus on lit l'inscription S. HUBERT. MAGN' THAV-MATVRG., c'est-à-dire *Sanctus Hubertus, Magnus Thaumaturgus*.

Hubert était fils de Bertrand, duc d'Aquitaine; il descendait en droite ligne « du célèbre Pharamond premier roy des François, et parut au monde l'an 656; » il fut envoyé par son père à la cour du roi Thierry I; mais à la suite de désaccords avec le maire du palais Ebroïn, il se retira en Austrasie chez le duc Pépin d'Héristal son parent et là il épousa Floribane, fille de Dagobert, comte de Louvain. Alors arriva le miracle célèbre, tant de fois reproduit par l'art religieux, vulgarisé par l'art populaire — c'est encore un des sujets favoris de l'imagerie d'Épinal, de Metz et de Wissembourg, pour ne parler que de la France — si bien qu'il serait aujourd'hui difficile de représenter saint Hubert autrement que dans cette scène traditionnelle.

« Tandis que Pépin travailloit à s'attacher plus étroitement son cher Hubert, Notre Seigneur en voulant faire une des plus brillantes lumières de son Eglise, le retira des embarras du siècle d'une manière fort extraordinaire, lui apparoissant crucifié entre les bois d'un cerf, lorqu'il se divertissoit à la chasse dans les forêts d'Ardenne, et lui adressant ces paroles : Hubert, Hubert, jusqu'à quand poursuivrez-vous les bêtes des forêts, et vous amuserez-vous aux vanitez du monde? A qui il répondit comme un autre Apôtre : Seigneur, que vous plait-il que je fasse? — Allez, dit le Sauveur, chez mon serviteur Lambert à Mastreich, il vous dira ce que vous devez faire... »

La scène, comme on peut le penser, a été enjolivée par la légende, et l'apparition expliquée par ce fait qu'Hubert, sans souci des devoirs de la religion, et poussé par la passion de la chasse, aurait osé chasser un vendredi saint, à l'heure où les fidèles prioient. — D'après un autre récit encore, toujours inspiré par le besoin de *motiver* le miracle, c'était le jour de Noël. Un cerf d'une grandeur extraordinaire se leva dans la forêt, et Hubert se jeta sur sa trace. « Arrivé à un site qui est maintenant le lieu des guérisons, l'animal poursuivi s'arrêta, les chiens n'osèrent avancer, et le Crucifié dont Hubert désertait le souvenir lui apparut rayonnant entre les bois du cerf[1]. »

Hubert, suivant cet ordre du Sauveur, se rend chez « le grand saint Lambert »; celui-ci le catéchise, l'engage « à se retirer des amusements et vanitez du monde. » Juste à ce moment son épouse Floribane meurt en couches, en mettant au jour un fils, Floribert. Hubert, après avoir pourvu à l'éducation de ce fils, se retire à l'abbaye de Stavelot « sous la discipline de saint Remacle; » d'après d'autres *Vies*, Hubert « se retira dans la grande solitude des Ardennes, et, pour être plus familier aux Anges, il abandonna la pratique des hommes. »

Quoi qu'il en soit, et qu'il ait été moine ou ermite, au bout d'un certain nombre d'années, un ange lui apparut et lui enjoignit d'aller à Rome. Pendant qu'il faisait ce pèlerinage, l'évêque saint Lambert fut assassiné. « Ce que Dieu révéla au saint pape Serge par un ange qui lui ordonna de sacrer Évêque son disciple nommé Hubert pour remplir sa place, lequel il trouveroit le matin au pied du tombeau de saint Pierre; et pour lui ôter tout sujet de douter de la volonté de Dieu, l'Ange mit à son chevet le Bâton pastoral de l'Évêque martyrisé. Le pape s'éveillant en sursaut, et voyant une Crosse d'ivoire qui se garde encore aujourd'hui au Monastère de Saint-Hubert, ne tarda pas à se rendre dans l'église de Saint-Pierre, où il trouva Hubert en prière… »

Hubert, avec une modestie et une humilité qui caracté-

---

1. *Le Pèlerin*, 1er nov. 1879, p. 702. On montre, à Saint-Hubert d'Ardenne, dans une ferme dite *de la Converserie*, le lieu de l'apparition miraculeuse du cerf.

risent les saints, refuse énergiquement cet honneur, mais il est forcé de céder. En ce temps-là, en effet, on ne devenait évêque que malgré soi, et parce que Dieu le voulait, et qu'il montrait sa volonté par des miracles. C'est ainsi qu'on va voir apporter du ciel l'étole miraculeuse qui depuis de longs siècles guérit de la rage ceux qui ont foi en saint Hubert.

Ce fut ici que son humilité plaida sa cause d'une manière capable d'attirer les Anges du Ciel, puisque pendant son discours ils parurent en l'air au milieu de l'église, avec les habits pontificaux de saint Lambert pour convaincre l'assemblée de l'ordre du Ciel et en persuader saint Hubert, lequel ne pouvant plus s'opposer à des marques si visibles, se soumit en tremblant à cette élection si miraculeuse, et le saint Pape se mit en devoir de lui conférer les Ordres sacrés avec les cérémonies accoûtumées, pendant lesquelles un Ange aporta du Ciel une très belle Etole, disant au saint Evêque : Hubert, la Vierge vous envoie cette Étole, elle vous sera un signe que vôtre prière a été exaucée, et un signe perpétuel de ce qu'elle ne défaudra jamais; vous aurez une parfaite science de tout ce qui regarde la fonction de vôtre Ministère. Cela dit, l'Ange disparut. Le Prince des Apôtres saint Pierre, voulut aussi donner une marque singulière de la part des autres Citoyens célestes que tous les Bien-heureux se réjouissoient de l'élévation du nouvel Évêque, comme d'une brillante lumière sur le chandelier, lui apportant une Clef d'or pendant qu'il célébroit la Messe de son Sacre, l'assûrant que Dieu le favoriseroit d'un pouvoir spécial contre les esprits malins et les effets de leur haine irréconciliable contre les hommes et les autres créatures. Voilà l'origine des merveilles que cet admirable Taumaturge a continué d'opérer jusqu'à présent, non seulement en préservant, mais aussi en guérissant du mal de rage, tant les hommes que toute sorte d'animaux.

Voilà les trois miracles qui forment le fond de la légende de saint Hubert : l'apparition du cerf au crucifix, — l'étole apportée par un ange de la part de la Vierge — la clef d'or donnée par saint Pierre lui-même. Des autres miracles attribués à saint Hubert pour édifier les fidèles et pour montrer la puissance du saint, il est inutile de parler ici, car ils n'ont rien de caractéristique. Au surplus, les miracles d'un saint lui sont rarement particuliers : les mêmes miracles sont attribués d'ordinaire à une multitude de saints. Le nombre des miracles est assez limité, quoiqu'ils proviennent de diverses sources, et le jour où un érudit patient compilera un dictionnaire du merveilleux hagiographique, on verra que si les articles de ce dictionnaire sont souvent longs, par contre ils seront peu nombreux. De ces miracles, les uns sont une imitation des miracles de Jésus-Christ, de Moïse et des autres personnages de la Bible ; d'autres sont sortis de l'air ambiant des premiers siècles du christianisme et d'un état mental qui attribuait des causes surnaturelles à tous les événements ; quelques autres enfin sont antérieurs au christianisme : ce sont des miracles attribués aux dieux du paganisme et qui naturellement ont été transportés aux saints, quand ceux-ci ont pris la place de ceux-là dans le culte populaire, dans les dévotions des simples et des ignorants. Les légendes qui étaient dans l'air se sont cristallisées autour de nouveaux noms.

Nous laissons donc les miracles de saint Hubert qui ne sont pas caractéristiques de sa légende comme patron des chasseurs et guérisseur de la rage, et nous achevons son histoire sous la conduite du religieux de son abbaye.

Hubert revient de Rome et rentre dans son diocèse sans encombre malgré les embûches des meurtriers de son prédécesseur. Il transporte de Maestricht à Liège le corps de saint Lambert : il y transporte en même temps le siège épiscopal et devient premier évêque de Liège. Il mourut au retour d'un voyage en 727, à l'âge de soixante et onze ans. Enseveli à Liège, son corps fut transporté en 825 à l'abbaye d'Andage ou Andain, aujourd'hui Saint-Hubert d'Ardenne.

§ 2. — L'HISTOIRE

Vires acquirit eundo! Ce que Virgile a dit de la Renommée s'applique aussi bien à la Légende qui n'en est qu'une des formes, surtout à la légende hagiographique. Lorsque sur la vie et l'œuvre d'un saint on n'a qu'un document unique où tout est mis sur le même plan, il est difficile de suivre l'évolution de la croyance populaire. Mais lorsqu'on a des documents d'âges différents, on peut voir comment par des additions successives, par l'imagination féconde de la crédulité populaire, et surtout par la cristallisation des épisodes merveilleux qui voltigent dans l'air, une légende se forme, luxuriante, grandiose, puissante, autour d'un noyau petit et sans caractère distinctif : l'arbuste original disparaît dans l'arbre dont il a reçu la greffe. C'est le cas de la légende de saint Hubert, surtout depuis qu'on a découvert une vie du saint, paraissant émaner d'un contemporain et conservée dans un manuscrit du IXe siècle[1]. Un écrivain belge, M. Joseph Demarteau, en a pris occasion pour soumettre la légende de saint Hubert à la discussion de la critique historique, et si bon catholique qu'il soit — la façon dont il parle des miracles de la *taille* et du *répit*, et des mérites du pontife fondateur et patron de Liège, le montre suffisamment — l'histoire authentique de saint Hubert se réduit à peu de chose après l'examen qu'il a fait des textes[2]. Nous allons en résumer le résultat et essayer ensuite de remonter plus haut que ne l'a fait l'érudit belge.

---

1. Elle a été publiée en Allemagne par M. W. Arndt, *Kleine Denkmäler aus der Merowinger Zeit*, Hannover, 1874, p. 48 et suiv., et en Belgique par le R. P. Ch. de Smedt dans les *Bulletins de la Commission royale d'histoire*, 4e série, n° 3. Bruxelles, 1878.

2. Joseph Demarteau, *Saint Hubert, sa légende, son histoire*, Liège, 1877. — Du même, *Saint Hubert d'après son plus ancien biographe*, Liège, 1882 ; deux brochures in-8.

« Cette œuvre, dit M. Demarteau — il s'agit de la vie du
IX⁰ siècle, que M. Demarteau considère comme émanant
d'un contemporain de saint Hubert, — ne nous apprend
absolument rien de la patrie, des ancêtres, de la naissance,
de la jeunesse du saint; nous y voyons seulement qu'il
fut le disciple de son prédécesseur saint Lambert. Elle débute par nous raconter l'avènement d'Hubert au pontificat,
puis par un éloge général de ses vertus, de sa charité ; elle
nous peint les regrets qu'il éprouvait de n'avoir pu partager le glorieux trépas de son prédécesseur, puis les préliminaires de *l'élévation* des reliques de celui-ci, le zèle
apostolique de l'évêque, les conversions qu'il opère...
Ensuite, après le récit de divers miracles, viennent les
événements de sa maladie, de sa mort, de ses funérailles,
et, seize ans après sa mort, la translation de ses reliques.
Or les miracles dont il est question ici ne sont aucunement
les trois miracles caractéristiques que nous avons rapportés : ce sont des miracles d'ordre banal, comme on en
rencontre si souvent dans les vies des saints : une femme
qui a les mains paralysées pour avoir travaillé le dimanche
est guérie par saint Hubert; le saint fait pleuvoir par un
temps de sécheresse; il chasse le démon du corps d'une
possédée; il arrête un incendie par le signe de la croix, etc.
La plupart de ces miracles sont ce qu'on peut appeler des
miracles « de style », car on en raconte autant de la plupart des saints. Et quand le populaire ne réunissait pas
autour d'un nom vénéré tous les miracles qu'il connaissait
ou qui se présentaient à son esprit, l'hagiographe qui voulait faire honneur au saint dont il écrivait l'histoire, ne
manquait pas de dépouiller à l'occasion les autres saints
de leur merveilleux : la « fin » de l'édification justifiait les
moyens.

Aussi l'étonnement de M. Demarteau nous étonne-t-il un
peu, quand il constate le plagiat commis par cet auteur
anonyme. « Qu'on juge du désappointement qui nous saisit,
quand, rapprochant un jour son texte de celui d'une rédac-

tion antérieure de la vie de saint Arnould, évêque de Metz, je dus reconnaître qu'en de nombreux passages, le biographe du pontife liégeois avait littéralement copié celui du prélat messin. » Et il ne s'agit pas seulement d'imitation de style, d'adaptation de phrases. « Nous allons entendre attribuer à saint Hubert les mêmes miracles antérieurement rapportés de saint Arnould. » Pour montrer que le second narrateur s'est rendu coupable d'un « plagiat frauduleux », M. Demarteau met en colonnes parallèles les chapitres semblables des deux Vies. Il nous explique bien que « ce procédé de calque » montre surtout le manque d'habitude d'écrire et l'inexpérience chez les biographes des saints, et que du reste ceux-ci « ne se proposaient, en retraçant d'une plume inhabile l'histoire de leurs héros, qu'un but d'édification religieuse »; le résultat de la découverte de cette vie du ixe siècle n'en est pas moins ceci : l'histoire authentique de saint Hubert se réduit à ces simples faits qu'il a été disciple de saint Lambert, qu'il lui a succédé comme évêque, qu'il a transporté le siège épiscopal de Maestricht à Liège et qu'il est mort de maladie. Le reste est fioriture et produit de la légende.

La légende des saints sort de deux sources, l'imagination du peuple et l'amplification des biographes. Nous allons voir, par l'exemple de saint Hubert, comment d'un modeste embryon naît une création grandiose. Au ixe siècle, on ne parle ni de son origine ni de sa famille. Au xiie siècle, les biographes racontent le petit roman que nous avons résumé. Il faut remarquer que pour les saints des époques sans histoire et dont la vie n'est transmise que par la légende, les saints ont généralement une origine ou très illustre, ou très humble, pour ne pas dire coupable (et coupable souvent jusqu'à l'inceste). Il faut à l'imagination populaire quelque chose qui la frappe, l'éblouisse et mette le saint en lumière, dès sa naissance, par un excès d'honneur ou par un excès d'indignité. Voilà donc saint Hubert anobli; on en fait le fils d'un duc d'Aquitaine[1]. Plus tard on ajoute descendant de Pharamond, par cette tendance instinctive à l'exagération qu'on rencontre si souvent chez les gens qui écrivent, autrefois les hagiographes, aujourd'hui les journalistes. On en fait un parent de sainte Ode; on le fait comte du palais des rois mérovingiens; le nom d'Hubert étant fréquent à cette époque, une confusion de nom servit sans doute de fondation à ces récits. C'était la critique historique de l'époque, et depuis que l'histoire a la prétention d'être devenue une science, des historiens accrédités ne raisonnent souvent pas autrement quand ils reconstruisent la vie des personnages anciens ou la migration des races : on met en rapport des témoignages isolés dont on ignore les tenants et les aboutissants : le reste, le mirage, est fourni par une imagination dont l'auteur est le premier la dupe. On marie Hubert, et on lui donne pour épouse une Floribane dont le nom paraît pour la première fois « sept cents ans après le temps où elle aurait vécu »; et on la fait fille d'un comte de Louvain, « deux siècles avant qu'un comte de Louvain apparut dans l'histoire ».

Ce nom de Floribane paraît formé sur celui de Floribert : La mère imaginaire est nommée d'après son fils. En effet, la Vie du IXe siècle parle, en passant, de Floribert, fils d'Hubert; mais rien de plus. Or, dans la langue de cette époque *filius* a également, outre le sens de « fils » celui de filleul, et, quand il s'agit d'ecclésiastiques, de disciple. Or Floribert ayant succédé à saint Hubert, comme évêque de

---

1. « On aura remarqué que notre biographe primitif ne rapporte rien de l'origine ni des ancêtres de notre saint ; en voyant avec quel soin les auteurs du temps, d'avant et d'après encore, s'attachent à relever l'illustration de la naissance de leurs héros, à noter ou qu'ils appartiennent à de nobles familles, ou tout au moins que la distinction de leurs vertus l'emportait encore sur celle de leur sang, il est permis de croire que si rien de pareil n'est dit de saint Hubert, c'est qu'il était sorti plutôt des rangs populaires que de l'aristocratie. » (Demarteau, *Saint Hubert d'après son plus ancien biographe*, p. 26.)

Liège, n'était vraisemblablement que son disciple et élève, son *fils spirituel*[1].

L'histoire du voyage de saint Hubert à Rome est également sortie de la supposition qu'un aussi grand saint *a dû* faire le voyage de Rome. D'après M. Demarteau, il y aurait encore ici transport des gestes d'un saint à un autre. « En fait, toutefois, il est prouvé qu'ici encore on a simplement attribué à saint Hubert un épisode de l'histoire d'un apôtre son contemporain, évêque du diocèse voisin, saint Willibrord[2] ».

Il faut dire à l'honneur de la théologie française qu'au siècle dernier un prêtre de l'Oratoire, le R. P. Pierre Le Brun avait démontré que la chronologie s'opposait au voyage de saint Hubert à Rome, et il ajoutait : « Cela fait voir qu'on a imaginé insensiblement toute cette histoire. Il est probable que l'on a commencé à tailler les hommes mordus par des chiens enragés, c'est-à-dire à leur faire une petite incision au front pour enfermer sous la peau et dans la chair un brin de l'étole de saint Hubert dont ce saint se servoit ordinairement et que, pour la rendre plus respectable, on a feint qu'elle avoit été apportée par un ange. Mais l'auteur de cette pieuse supercherie, étant un très mauvais chronologiste, n'a pas sçû arranger sa fiction. On ne peut douter cependant que cet usage de tailler ne soit très ancien, puisque l'Anonyme qui a écrit vers la fin du XIe siècle *les Miracles arrivez à la Translation du corps de saint Hubert faite en* 825, parle d'un homme et d'une femme qui avoient été taillés. Il faut pourtant remarquer que Jonas, évêque d'Orléans, auteur contemporain, qui a écrit l'histoire de cette translation, ne dit rien ni de l'étole, ni de

---

1. C'était déjà l'opinion d'Anselme, chanoine à Saint-Lambert de Liège, qui écrivant vers l'an 1056 l'histoire des évêques de Maestricht et de Liège et arrivant à saint Floribert, déclare qu'il ignore si ce saint fut l'enfant véritable ou simplement le fils adoptif, le filleul de saint Hubert.

2. Demarteau, *Saint Hubert d'après son plus ancien biographe*, p. 8.

l'usage de tailler ceux qui avoient été mordus par des chiens enragés[1]. »

A l'occasion de saint Lambert, prédécesseur de saint Hubert, rappelons qu'il en existe trois têtes, une à Liège, une à Fribourg-en-Brisgau, et la troisième à Berbourg, village du grand-duché de Luxembourg. On a assuré aussi qu'il s'en trouve un morceau dans la sacristie de Saint-Pierre du Vatican à Rome. Chacune de ces églises prétend avoir la bonne tête du saint. Un jésuite, le P. Goffinet, qui a étudié cette question sans pouvoir l'éclaircir, termine par cette conclusion qui rappelle la parabole des trois anneaux :

« Bien que les trois chefs, dits de saint Lambert, soient à n'en pas douter des reliques de saints, dignes par conséquent des honneurs qu'on leur rend, on obtiendrait sans contredit un plus haut degré de certitude, si chacune des trois églises précitées consentait à échanger avec les deux autres une parcelle convenable de son pieux trésor. Chaque relique principale serait alors accompagnée de deux reliques moindres. De cette façon, chacune des trois églises garderait sa conviction particulière, et se rendrait témoignage non seulement d'avoir acquis toutes les garanties possibles, mais aussi de les avoir procurées à ses deux sœurs, dévouées comme elles au culte de saint Lambert[2]. »

§ 3. — LE MYTHE

Mais la *Vie* du IXe siècle contient des indices importants pour l'histoire et le mythe ; c'est quand elle parle du zèle apostolique de saint Hubert, des conversions qu'il opère, des superstitions qu'il détruit dans l'Ardenne, la Toxandrie et le Brabant, surtout dans l'Ardenne. Cette région forestière,

---

1. P. Le Brun, *Histoire critique des pratiques superstitieuses*, etc., 2e édit., t. II, (Paris, 1742), p. 8. — Le P. Le Brun est mort en 1729.
2. *Publ. de la section Hist. de l'Institut royal Grand-Ducal de Luxembourg*, t. XXIX (1874), p. 258.

dont le nom, d'origine probablement celtique, paraît signifier « le haut pays » était, par la nature même, peu accessible ; les relations avec le dehors étaient plus difficiles et plus rares que dans les pays voisins de plaines. Les forêts ont toujours été des lieux consacrés par la piété des époques primitives. « L'effroi qu'inspire l'ombre de ces vieilles futaies, écrivait Sénèque, fait naître la foi à la divinité. » Les forêts furent peut-être les premiers temples ; en tout cas, le culte des arbres et des génies des forêts fut un des plus vivaces et des plus tenaces : les prescriptions des conciles et les croyances populaires de notre temps le montrent assez. L'Ardenne païenne apparaît divinisée à l'époque romaine, de même aussi que la montagne des Vosges ; des inscriptions témoignent de cette personnification de Diane dans l'Ardenne. Plus tard et malgré de nombreux défrichements, les solitudes de la forêt d'Ardenne restèrent en dehors du mouvement d'idées que créait la vie urbaine, et, à l'époque tardive où paraît saint Hubert, une grande partie de la région était encore païenne, ou peu s'en faut. Le mérite du saint dans l'histoire est du reste de l'avoir convertie. Et pendant tout le moyen âge, l'Ardenne resta, dans les récits de nos trouvères, un pays étrange et d'accès redoutable [1].

Nous employons aujourd'hui les mots *payens, paganisme*, sans nous rendre bien compte de leur sens, et nous commettons un grossier anachronisme quand nous les transportons dans l'antiquité. Le mot paraît dans l'histoire quand la révolution chrétienne est victorieuse, qu'elle a pour elle la majorité de la population des villes et les classes élevées de la société, tandis que les habitants de la campagne, du *pagus*, en retard sur le mouvement des idées, tiennent encore aux vieux dieux, au vieux culte, aux vieilles pratiques. Le paganisme est la croyance des *pagani*, et les *pagani* (c'est l'origine de notre mot français *payens*), ce

---

1. Voir les textes cités dans A. Maury, *Les forêts de la Gaule*, p. 62.

sont littéralement ce qu'on appellerait aujourd'hui « les ruraux. »

C'est surtout l'Ardenne qui fut le théâtre de l'activité apostolique du saint, et c'est peut-être pour y combattre le paganisme de plus près qu'il transporta le siège épiscopal à Liège, lieu inconnu jusque-là, et où l'on ne trouve aucune trace gallo-romaine. L'immense forêt d'Ardenne, qui formait comme une province, était un grand pays de chasse : elle l'est restée jusque dans le moyen âge. Qui dit pays de chasse dit pays de légendes ; et, si petite qu'elle soit en proportion de l'Ardenne, notre forêt de Fontainebleau n'a-t-elle pas eu jusque dans ces derniers siècles son « Grand-Veneur » fantastique, qui apparaissait encore au temps d'Henri IV ? La religion naturiste des païens de l'Ardenne, peuple chasseur, devait donner une grande place aux divinités de la chasse, à des pratiques, à des dévotions particulières.

On a déjà remarqué que le culte de Diane s'est conservé fort tard, et M. Beugnot ajoute que « cette divinité paraît avoir été la dernière dont le nom fut prononcé dans l'Occident [1] ». Cela s'explique par le fait que son culte était moins un culte de ville qu'un culte de campagne et de forêt. Le nom de Diane s'est même étendu à un dieu masculin que nous fait connaître une vie de saint : *dæmonium quod rustici Dianum vocant* [2]. En effet, il a dû y avoir fusion du culte gallo-romain de Diane avec celui des dieux apportés par les Francs des forêts de la Germanie. Les écrivains chrétiens parlent, naturellement avec haine et mépris, des *dianatici*, prêtres ou ermites de Diane qui paraissent avoir été des sortes de « flagellants », exerçant sur eux-mêmes des mortifications sanglantes qu'ils croyaient agréables à leur divinité. Les sorties violentes des écrivains chrétiens, les

---

1. Beugnot, *Histoire de la destruction du paganisme en Occident*, t. II, p. 316. (Cf. *ibid.*, p. 259.)

2. *Vie de saint Césaire*, évêque d'Arles, citée dans Beugnot, t. II, p. 316 et dans Ducange, *Glossaire* s. v. *Dianum*.

mesures de proscription prises par l'autorité civile devenue chrétienne, montrent la persistance avec laquelle ce culte et ses pratiques, à nous inconnues, se perpétuèrent dans les campagnes, et cela sous le règne des premiers successeurs de Charlemagne. Il semble même, par un capitulaire de Louis le Débonnaire, que les réunions nocturnes en l'honneur de Diane aient été le prototype du sabbat du moyen âge [1].

Quel était le dieu indigène de l'Ardenne au temps de saint Hubert? Était-ce Diane ou Dianus? quel était son culte? quels étaient les rites et les usages de ce culte? Il est difficile de le dire d'une façon précise, car le biographe de saint Hubert se borne à une phrase banale sur les idoles détruites par le saint. Mais comme cette région était depuis longtemps germanisée, et que le culte local a été transporté à un saint et non à une sainte, on peut présumer que ce dernier était masculin, probablement le Wodan (Odin) de la mythologie germanique. La mythologie préhistorique est un monde si vaporeux que nous n'osons guère nous laisser attirer par ses fantômes; pourtant on ne peut s'empêcher de trouver un fonds semblable dans de nombreuses légendes allemandes qui expliquent l'origine de la « chasse sauvage » ou « fantastique. » La « chasse sauvage, » c'est le tourbillon qui passe à l'horizon ou au-dessus de nos têtes avec des bruits étranges : on l'attribue à un être surnaturel qui chasse avec sa meute dans les nuées. Ce « chasseur noir » est maudit : et il doit chasser de toute éternité en punition de quelque crime : suivant certaines légendes, c'est pour avoir chassé un jour de grande fête, ou le dimanche à l'heure de l'office ; suivant d'autres, c'est pour s'être obstiné à chasser un cerf qui portait un crucifix entre ses bois et qui était le Christ. « Et le Christ dit au comte : Maintenant tu chasseras jusqu'au jugement dernier. C'est ce qui est arrivé, et voilà l'origine du chasseur sauvage. »

1. Beugnot, *op. cit.*, t. II, p. 339.

Il est aisé de voir que la légende païenne a subi l'influence de la légende chrétienne, que celle-ci soit venue de saint Eustache ou de saint Hubert [1].

Les mythologues allemands identifient le chasseur sauvage de leur légende au dieu Wodan (Odin) de leurs ancêtres, et l'un semble en effet parent de l'autre. On peut donc conclure à l'existence d'un dieu germain qui mène sa meute dans l'atmosphère et dans les profondeurs des forêts, et dont les pays de chasse et les chasseurs invoquaient naturellement la protection plus que toute autre. C'est un souvenir instinctif de ce culte qui, en quelques endroits, a fait donner à « la chasse fantastique » le nom de « chasse de saint Hubert ». Saint Hubert remontait ainsi au ciel, d'où il était descendu. En effet, « chasse Saint-Hubert » est un des nombreux noms qu'on donne en France [2] au tourbillon farouche de la nuit que les Allemands appellent la « chasse sauvage » et qui paraît bien en effet être le bruit d'un chasseur surnaturel passant dans les airs avec une meute invisible.

Le nom de saint Hubert s'est trouvé appliqué à cette chasse en sa qualité de patron des chasseurs et, par suite, de chasseur par excellence. Puis, par une autre conséquence, on a identifié saint Hubert avec le chasseur sauvage et damné, et, au moins dans les environs de Châteaudun (Eure-et-Loir), on raconte que saint Hubert est condamné à chasser jusqu'au jugement dernier, pour s'être trop adonné à la chasse dans sa vie [3]. Une autre légende, belge celle-là, a un caractère plus chrétien. « Si l'on en croit une vieille légende, c'est grâce à l'intervention mira-

---

1. Une seule de ces légendes a un caractère pré-chrétien : elle est danoise et représente le roi Odhin à la poursuite d'un cerf qui porte des anneaux d'or dans ses bois et qui l'entraîne dans l'empire de Holda. — Holda, litt. « la bonne dame » est le plus souvent divinité du ciel chez les Germains.

2. A. Bosquet, *La Normandie romanesque et merveilleuse*, p. 68.

3. Communication de M. E. Rolland.

culeuse de saint Hubert que la sécurité la plus parfaite a toujours régné dans les environs de Tervueren (localité où le saint est mort). Un meurtre allait s'y commettre, un malheureux voyageur était au moment d'y périr sous les coups d'un assassin, lorsqu'une formidable sonnerie de trompe se fit entendre et le patron des chasseurs apparut, à cheval, accompagné de sa meute. Le brigand terrifié s'enfuit et renonça à la vie coupable qu'il menait, et, depuis lors, aucun crime ne souilla plus la forêt qui semblait protégée tout spécialement par saint Hubert[1]. » Ici la chasse et le chasseur sont descendus du ciel sur la terre.

Ce serait une grande erreur de croire que tout a recommencé avec le moyen âge; à bien des égards celui-ci n'est que la continuation des époques antérieures. Cela est surtout vrai au point de vue de la religion. Nous ne parlons pas de la religion qui se définissait dans les conciles, qui se prêchait dans la chaire chrétienne; nous parlons de la religion du peuple, de ces milles rites, pratiques, usages, croyances particulières que l'Église a essayé en vain de déraciner, qu'elle a combattus par ses prédications, condamnés par les anathèmes de ses conciles, et qui pourtant se sont conservés soit en dehors de l'Église, soit dans l'Église même, en se couvrant du nom d'un saint, en prenant une étiquette nouvelle. La dévotion païenne était ainsi devenue une dévotion chrétienne (par exemple, les fontaines consacrées aux saints, etc., etc.). L'Église a tacitement mis en pratique cette grande maxime politique, dont les politiciens paraissent si rarement se douter, qu'on ne détruit que ce qu'on remplace. Dans cette grande évolution mentale, on n'a pas cessé de croire aux légendes racontées autrefois des dieux, car le moule de la pensée humaine n'était pas transformé par l'avènement d'une nouvelle religion, et le surnaturel gardait le même empire, sur la

---

1. Reinsberg Düringsfeld, *Traditions et légendes de la Belgique*, t. II, p. 243.

plupart du moins; ces légendes, comme des âmes errantes à la recherche de corps, se sont souvent personnifiées dans ceux qui avaient tué les dieux, dans les saints ou dans les missionnaires des premiers temps. Leur activité avait laissé des traces profondes dans l'esprit des populations; et la conscience encore obscure et mythologique des néophytes mêlait à l'image des saints l'image des anciens dieux, si bien que l'une se superposait à l'autre. « Faisons-le César! » dit le peuple de Shakespeare, en acclamant Brutus... Saint Hubert, apôtre de l'Ardenne, prend la place de Wodan, il devient le patron de l'Ardenne, le patron des chasseurs. L'histoire l'a connu évêque et missionnaire; la légende le fait chasseur.

L'auteur anonyme de l'histoire des *Miracles de Saint Hubert* (écrite entre 1087 et 1106), mentionne le premier le saint avec ce caractère et recevant comme un dieu chrétien de la chasse les offrandes des chasseurs : « C'était depuis longtemps, dit-il, l'usage des grands de l'Ardenne entière d'offrir au bienheureux Hubert, et les prémices de la chasse de chaque année et la dîme de toute espèce de gibier; la raison en était que le saint, avant de déposer l'habit séculier pour embrasser un état plus parfait, aurait été grand amateur de vénerie. De l'Ardenne cet usage passa aux nobles des pays voisins, lesquels le gardèrent avec le même respect. » Du moment que saint Hubert est le patron des chasseurs, il les protège contre les dangers de leur vie, et quel danger plus grand que celui de la rage peuvent-ils courir, eux et leurs chiens? Et le dieu païen que saint Hubert a remplacé et continué ne devait-il pas déjà être invoqué contre la rage, comme Artémis (Diane) l'était chez les Grecs?

Le premier exemple de rage guérie par saint Hubert est rapporté par l'auteur des *Miracles*; il vaut la peine d'être rapporté après lui :

Le hameau de Luisceie est assez proche du monastère : un procureur de cette localité fut mordu par un loup enragé : se sentant en danger de mort, il eut recours au saint, et, pour s'assurer plus certainement sa protection, fit vœu de lui donner [c'est-à-dire de donner au monastère] le cheval dont il usait dans ses courses. Dans ce lieu se trouve, en effet, un remède absolument efficace contre cette horrible maladie, pourvu que le malade ait une foi véritable et observe les conditions prescrites pour recouvrer la santé. Un fil d'or de l'étole très sacrée fut donc, suivant l'usage, inséré dans le front du blessé et, ayant reçu l'indication des prescriptions à suivre il retourna chez lui. A mesure que le temps s'écoulait, il avait moins de crainte et il était plus sûr de guérir ; il ne voulait plus exécuter son vœu ; il prétendait même n'en avoir pas fait. Un jour pourtant, il se trouva avoir à passer par le monastère. Il attache son cheval à quelque distance et va prier devant la porte de l'église. Sa prière faite, il voit avec étonnement son cheval à côté de lui. Il le monte et veut partir, mais le cheval ne bouge. Les passants s'assemblent et se moquent de lui ; mais plus il excite son cheval, plus celui-ci s'attache à l'église. Sacristains et moines arrivent et sont témoins du même spectacle. On comprend qu'il en va ainsi parce que le vœu n'a pas été tenu. Instruit par ce miracle, le procureur laisse son cheval au monastère et s'en retourne à pied[1].

§ 4. — LE MIRACLE DU CERF

Le peuple, et, d'une façon générale, les hommes, éprouvent un tel besoin de *motiver* les événements, d'attribuer à tout usage une cause visible et en quelque sorte tangible, qu'il éclôt de tout temps ce qu'on peut appeler des « histoires pour expliquer ». Puis plus tard, des historiens et des mythologues naïfs voient dans l'historiette l'origine du fait ou de l'usage ; mais l'historiette est effet, et non cause. Tel est le rôle que joue l'apparition du cerf dans la légende de saint Hubert ; M. Demarteau n'a pu s'empêcher de le remarquer : « Loin donc que l'histoire de l'apparition du cerf ait valu à saint Hubert l'honneur de devenir le patron des chasseurs, et le grand secours des mal-

---

1. Mabillon, *Acta SS. ord. S. Bened.*, IVᵉ siècle. 1ʳᵉ partie, p. 301.

heureux menacés d'hydrophobie, cette histoire est plutôt une fleur poétique issue de ces vieilles dévotions. »

Ce n'est que dans la seconde moitié du xv⁰ siècle que le miracle du cerf crucifère s'introduit dans la légende de saint Hubert. « A la fin du xiv⁰ siècle, Jean d'Outre-Meuse, le mieux fourni de nos collectionneurs de légendes, n'en connaissait pas le premier mot. Avant lui, au xiii⁰ siècle, Gilles d'Orval, son devancier, n'en savait pas davantage ; rien n'en avait été soupçonné dans les siècles antérieurs ; les plus anciennes images du saint se contentent de nous le représenter en pontife. » Cherchons les antécédents de ce miracle.

Au xii⁰ siècle Jean de Matha, dont l'Église a fait un saint et qui fut le fondateur de l'ordre des Trinitaires, s'était retiré dans une forêt du pays de Meaux avec son ami Félix de Valois. Souvent, comme ils étaient assis près d'une source, à discourir des choses divines, ils voyaient un cerf d'une blancheur éclatante venir les considérer et boire devant eux à la source. Un jour le cerf, en relevant la tête, leur montra une croix lumineuse aux couleurs bleue et rouge encadrée dans ses bois, et l'apparition se renouvela chaque fois à la rencontre du cerf. Ils comprirent que c'était un signe de Dieu et ils partirent pour Rome[1]. Là Jean de Matha fonda l'ordre de la Sainte-Trinité et les nouveaux religieux portèrent la robe blanche avec une croix rouge et bleue sur la poitrine, en souvenir de l'apparition du cerf, veut une légende[2]. Mais ici évidemment la légende encore est venue, *après coup*, expliquer un fait, l'origine de la croix rouge et bleue sur le costume des Trinitaires. Puis Jean de Matha fonda un couvent au lieu de l'apparition à Cerfroid, *cervus frigidus*, ainsi nommé du cerf miraculeux

---

1. D'après une autre légende, le cerf aurait apparu seulement à Félix de Valois, que Jean de Matha serait ensuite venu rejoindre dans sa solitude.

2. Ajoutons que deux cerfs blancs servent de support à l'écusson des Trinitaires.

qui venait *se rafraîchir* à la source¹ ! Le calembour naïf sur ce nom de lieu — c'est ce que les linguistes appellent une « étymologie populaire » — est peut-être ce qui a fait attribuer à Jean de Matha et à Félix de Valois le miracle du cerf au crucifix. Remontons plus haut encore.

Au viii° siècle vivait, au couvent de Saint-Sabas à Jérusalem, un écrivain ecclésiastique grec, saint Jean de Damas (ou Damascène). Parmi ses ouvrages, se trouve un traité « sur le culte des images ». Pour justifier ce culte, et surtout la vénération dont le crucifix est l'objet, l'écrivain grec rapporte un miracle dont a été témoin Placidas. Placidas était un officier païen du ii° siècle, honnête et bienfaisant ; il avait trop de vertu pour n'être pas chrétien ; et Dieu fit un miracle pour le retirer de l'erreur.

Un jour que, suivant sa coutume, Placidas était parti avec une brillante escorte pour chasser dans les montagnes, il fit soudain rencontre d'un troupeau de cerfs qui paissaient ; disposant aussitôt sa troupe, comme il est d'usage, il se mit en devoir de les poursuivre. Déjà tous ses gens n'étaient plus occupés que du soin de leur donner la chasse quand un de ces animaux, d'une taille extraordinaire et d'une beauté remarquable, se détacha de la bande, pour gagner à l'écart des lieux plus escarpés. Placidas s'aperçut de cette fuite et, brûlant du désir de s'emparer du fugitif, abandonna, lui aussi, ses compagnons, pour se précipiter à la poursuite de l'animal, suivi seulement de quelques uns de ses veneurs. Vaincus par la fatigue, ceux-ci durent s'arrêter tour à tour. Placidas seul s'obstina dans sa chasse et grâce à la Providence, ni son coursier ne fléchit sous la fatigue, ni lui-même ne se laissa arrêter par les difficultés du chemin. Dans cette poursuite ardente, il finit par se trouver isolé de ses compagnons ; le cerf alors, gagnant le sommet d'un rocher, s'y arrêta immobile. Arrivé devant cet obstacle, Placidas s'arrêta de même, cherchant des yeux autour de lui un chemin pour arriver à s'emparer de l'animal.

1. Cerfroid, commune de Brumetz, département de l'Aisne. On peut voir sur ce nom l'observation assez naïve du R. P. Calixte dans sa *Vie de saint Félix de Valois* (Paris, 1839), p. 279 et suiv.

Mais le Dieu de sagesse et de miséricorde, qui sait faire aboutir toute voie au salut de l'homme, donnait lui-même la chasse au chasseur. Tandis que Placidas restait là, debout, considérant le cerf, admirant son port majestueux, et ne trouvant nul moyen de s'en rendre maître, le Seigneur qui avait accordé jadis la parole à l'ânesse de Balaam pour reprocher sa folie au prophète, le Seigneur fit apparaître entre les bois du cerf une image de la sainte Croix, resplendissant d'un éclat plus brillant que celui du soleil, et, au milieu, le visage sacré de Jésus-Christ. Prêtant au cerf une voix humaine, il interpella Placidas :

« O Placidas, dit-il, pourquoi me poursuis-tu de la sorte ? Voici que pour t'offrir ma grâce, j'arrive et me révèle à toi par cet animal. Je suis le Christ que, sans l'avoir pu connaître jusqu'à cette heure, tu sers en faisant le bien. Mais les aumônes que tu prodigues aux indigents sont arrivées jusqu'à moi ; et je viens en retour me montrer à toi, te poursuivre, ô chasseur, et te saisir dans les rets de ma miséricorde. Car il n'est pas juste que celui que j'aime pour ses bonnes œuvres, reste attaché au culte immonde de Satan, à des idoles sans vie et sans cœur. Me voici donc, tel que j'ai apparu ici-bas pour sauver le genre humain [1]. »

Placidas se prosterne en s'écriant : « Je crois ! — Si tu crois, reprend le Seigneur, regagne la cité la plus proche, va trouver le pontife chrétien et sollicite de lui la grâce du baptême. » Placidas obéit à cet ordre, se fait baptiser avec sa femme et ses enfants, prend au baptême le nom d'Eustache — c'est désormais saint Eustache — et reçoit le martyre sous l'empereur Adrien. Naturellement, ce miracle fit dès lors partie de la légende de saint Eustache.

1. Nous citons Jean Damascène dans la traduction de M. Demarteau, *Saint Hubert, sa légende, son histoire*, p. 14. — « Ce récit, dit M. Demarteau dans son autre dissertation (p. 7, n.), n'était pas encore connu dans nos régions cent ans plus tard (après Jean Damascène), ce semble, car le premier reviseur de notre biographie de saint Hubert, l'évêque d'Orléans Jonas († 843) n'y fait allusion ni dans son livre *de Institutione clericali*, où cependant un chapitre spécial est consacré aux abus de la chasse, ni dans un autre ouvrage sur le sujet même traité par Jean de Damas : *de Cultu imaginum*, et où Jonas rapporte de nombreuses apparitions de croix. »

Comment expliquer le miracle du cerf crucifère que rapporte saint Jean Damascène ? Pour nous, il paraît sortir d'un mélange du symbolisme chrétien avec des traditions populaires. Le cerf était un des types les plus aimés du symbolisme des premiers chrétiens. Il était regardé comme le symbole de Jésus-Christ, des apôtres, des saints. La rapidité de sa course représentait la crainte et la fuite de l'âme chrétienne à l'approche du danger. Comme le cerf passait pour être l'ennemi des serpents, c'était l'image du Christ qui écrase la tête du démon sous la forme de serpent ; le cerf se désaltérant à une source était l'image de l'âme altérée soupirant après le baptême, etc.[1].

« Le cerf est l'emblème de Jésus-Christ, » avait dit saint Eucher, deux siècles auparavant, *cervus Christi*, à propos du sens anagogique de divers textes des saintes Écritures (*de formula spirituali*). « Le cerf de l'amitié, ajoute-t-il ailleurs, c'est encore le Christ, ce maître de toute dilection et de charité. » (*De quæst. diff. Vet. Test.*)

Combien de réminiscences de ce même rapport mystique entre le cerf et Jésus-Christ, ne trouve-t-on pas dans diverses légendes !

Il n'est pas rare d'y voir des transformations merveilleuses de Jésus-Christ en cerf courant, et des cerfs qui reçoivent tout à coup la faculté de la parole. C'est ainsi, par exemple, qu'un cerf d'une taille extraordinaire, lancé par saint Julien, se retourna subitement, reprocha au jeune chasseur son acharnement à le poursuivre, il lui prédit qu'un jour viendrait où il ferait périr son père et sa mère. (*Legenda Aurea*, cap. x)[2].

Le cerf joue aussi un grand rôle dans les légendes des saints du moyen âge. « Cet animal, dit M. Alfred Maury, était regardé comme étant doué d'une certaine vertu prophétique, et dans maintes et maintes circonstances, nous le voyons indiquer l'existence de reliques demeurées ensevelies dans un lieu inconnu, révéler la présence de certains

---

1. Abbé Martigny, *Dictionnaire des Antiquités chrétiennes*, éd. de 1877, p. 158.

2. Abbé Canéto, dans la *Revue de Gascogne*, t. VI (1865), p. 235.

objets que les hommes s'étaient efforcés vainement de découvrir, ou amener un païen, un pécheur, en quelque occurrence qui devait déterminer sa conversion¹. »

Les croyances populaires parlent d'animaux fantastiques, « fées » ou « sorciers, » comme on les appelle, que les chasseurs poursuivent toujours vainement, sans jamais pouvoir les atteindre. On se rappelle la fable de La Fontaine, *Le jardinier et son seigneur*. Il s'agit d'un lièvre :

> Ce maudit animal vient prendre sa goulée
> Soir et matin, dit-il, et du piège se rit ;
> Les pierres, les bâtons y perdent leur crédit ;
> Il est sorcier, je crois....

Ainsi, en Bretagne, on croit à l'existence de la biche blanche de sainte Nennoch : les balles ne peuvent la toucher, ni les chiens l'atteindre. Dans le *Lai de Guigemar* (par Marie de France) Guigemar blesse, sans le savoir, une fée métamorphosée en biche. Il y a en Allemagne des légendes analogues. De même que les hommes, il y a nombre d'animaux qui « reviennent, » et la liste serait longue des animaux fantastiques qui, à la tombée de la nuit, courent les champs et les bois. Le cerf, dans l'antiquité, était l'animal d'Artémis-Diane ; nous aurions pensé trouver quelque histoire analogue aux nôtres, mais bien peu ont survécu des légendes de l'antiquité. Ce que nous trouvons de plus approchant, c'est l'histoire de Saron qui tombe dans la mer et se noie en poursuivant un cerf, dans le voisinage d'un temple d'Artémis.

Peut-être conviendrait-il de citer ici la biche de Sertorius ; c'est tout le contraire d'un animal fantastique, mais la crédulité qui la faisait prendre pour un animal sacré, messager et représentant de la divinité, montre quelle place les animaux tenaient dans les croyances populaires. Sertorius, en Espagne, avait apprivoisé une jeune biche blanche, au point qu'elle le suivait partout sans la moindre crainte. « Il en

---

1. A. Maury, *Légendes pieuses du moyen âge*, p. 169.

vint peu à peu à la diviniser, pour ainsi dire, raconte Plutarque; il débita que cette biche était un présent de Diane, et, connaissant l'empire de la superstition sur les Barbares, il leur fit accroire que cet animal lui découvrait bien des choses cachées. » On peut lire dans Plutarque[1] les amusants artifices par lesquels Sertorius corrobora cette croyance chez les Espagnols et les faux miracles où le gentil animal joua un rôle.

Quoiqu'il en soit de notre explication, le souvenir du miracle a traversé les siècles, et c'est saint Eustache qui en a eu le premier l'honneur. Il ne l'a pas perdu pour l'avoir partagé avec saint Hubert. A Vulturella, en Italie, le pèlerin va encore prier saint Eustache sur la roche escarpée sur le sommet de laquelle le cerf parut avec le crucifix. Et tandis que dans les plus anciennes statues saint Hubert est figuré en évêque *sans le cerf*, le cerf paraît toujours dans les anciennes images de saint Eustache. M. Demarteau pense qu'une coïncidence de dates a aidé à la confusion des deux légendes. « Ce qui achève d'expliquer la confusion de la conversion de l'officier païen avec celle que l'on prête à saint Hubert, c'est que dans notre pays — les vieux calendriers de Stavelot et de Tournai en font foi, comme ceux d'Angleterre, les martyrologes d'Usuard, d'Adon, et nos plus anciens bréviaires, — la fête de saint Eustache se célébra longtemps le 1er, le 2, le 4 ou le 3 novembre, à la même date que celle de saint Hubert. » Dans l'iconographie chrétienne, le cerf crucifère est l'attribut de quatre saints, saint Eustache[2], saint Jean de Matha, saint Félix de Valois, et saint Hubert d'Ardenne[3].

---

1. *Vie de Sertorius*, ch. xii et xxii.
2. Sujet traité par Albert Dürer. Notons au passage qu'à l'église Saint-Eustache, à Paris, une tête de cerf portant un crucifix est sculptée sur le fronton de l'extrémité méridionale du transept, et que l'apparition du cerf à saint Eustache est représentée sur un vitrail du xviie siècle.
3. Sujet traité encore tout récemment par Paul Baudry pour décorer une salle du château de Chantilly.

CHAPITRE TROISIÈME

SAINT HUBERT GUÉRISSEUR DE LA RAGE ;
SON PÈLERINAGE ET SON CULTE

1. L'abbaye et le village. — § 2. Le corps du saint. — § 3. Les reliques, la Sainte-Étole. — § 4. La taille et le répit. — § 5. Le point de vue religieux ; opinion de docteurs graves ; que faut-il penser de ces pratiques et de leur efficacité au point de vue religieux ? — § 6. Le point de vue humain. — § 7. L'imagination et la rage ; les aboyeuses de Josselin. § 8. Les Chevaliers de Saint-Hubert. — § 9. Les colporteurs de Saint-Hubert. — § 10. Les clefs ou cornets de saint Hubert. — § 11. La véritable clef de saint Hubert. — § 12. Excommunication des ennemis de saint Hubert et de son monastère. — § 13. La confrérie de Saint-Hubert. — § 13 bis. Le pèlerinage de Saint-Hubert. — § 14. La fête de saint Hubert et la messe des chiens. — § 15. Le culte de saint Hubert. — § 16. Les ordres et confréries de Saint-Hubert.

CHAPITRE TROISIÈME

SAINT HUBERT GUÉRISSEUR DE LA RAGE ; SON PÈLERINAGE
ET SON CULTE

§ 1. — L'ABBAYE ET LE VILLAGE

La petite ville de Saint-Hubert, qui compte environ deux mille cinq cents âmes, est située dans une des parties les plus boisées et les plus pittoresques de l'Ardenne belge. On y arrive aujourd'hui de Poix (station de la ligne Namur-Luxembourg) par une agréable route qui monte légèrement pendant sept kilomètres ; le nombre de voyageurs est assez grand pour qu'on ait récemment établi un tramway. La ville n'a rien de remarquable en dehors de son église abbatiale : son seul monument civil est un buste de Redouté (le célèbre peintre de fleurs, natif de l'endroit), établi au-dessus d'une fontaine devant l'hôtel de ville. Il y a deux hôtels ou auberges ; suivant l'usage belge, l'un est libéral (c'est l'*Hôtel du Luxembourg*), l'autre catholique (l'*Hôtel du Chemin de fer*) : le premier doit faire peu d'affaires dans un endroit de pèlerinage et de sainteté.

La ville s'est formée autour de l'abbaye qui lui a donné son nom : la localité s'appelait autrefois Andage ou Andain. C'est en 825 qu'on y transporta le corps de saint Hubert[1]. Le monastère y existait déjà et l'on explique son origine par un miracle analogue à ceux que nous avons déjà relatés.

---

1. Demarteau, *Saint-Hubert*, 1877, p. 48 ; Abbé C.-J. Bertrand, *Pèlerinage de Saint-Hubert*, Namur, 1855, p. 55 et suiv.

Pendant un de ses voyages, Plectrude, femme de Pépin d'Héristal, avait fait halte en cet endroit.

« En ce moment elle vit tomber du ciel un billet écrit en lettres d'or[1]. Elle le ramassa tout effrayée; ayant éveillé ses gens, et, sans confier son secret à personne, elle ordonna de rebrousser chemin. Rentrée en son palais, elle remit le billet à son mari, en lui rapportant la circonstance de cet événement merveilleux. Pépin étonné chargea Bérégise, son aumônier, de lui expliquer le sens de ce billet. L'homme de Dieu répondit *que le lieu où ce billet était tombé avait été choisi de Dieu pour le salut d'un grand peuple, et que beaucoup d'âmes y passeraient de la terre au ciel.* Il ajouta que, décidé depuis longtemps à quitter le monde, il était prêt à aller habiter cette solitude et à y élever un monastère afin de mieux répondre aux desseins de la Providence sur ce lieu, si son maître voulait le lui permettre. Cette proposition plut à Pépin, et malgré le chagrin de devoir se séparer de l'homme qu'il aimait le plus, il se rendit en ce lieu avec une suite nombreuse de seigneurs de sa cour, et là, par une donation en due forme et approuvée en présence des officiers de sa suite, il abandonna à Bérégise une

---

[1]. Les lettres qui viennent du ciel sont généralement écrites en lettres d'or. En voici un exemple contemporain :

Une religieuse carmélite « très familière avec la Vierge », est saisie un jour de l'appréhension qu'elle pouvait n'être pas comme les autres sœurs, la fille de Marie, « à cause qu'elle n'était pas pénitente comme elles ». Brûlant d'être fixée sur un point aussi grave, elle écrivit *de son sang* une lettre qu'elle posa sur l'autel après s'être mise en prière quelque temps. Après, elle reprit ce papier où elle trouva, au bas, écrit en lettres d'or : *Je te reçois pour ma fille.* (*La dévotion à Marie en exemples*, par le R. P. Huguet, Paris, 1868, t. II, p. 372. — Cité dans Paul Parfait, *l'Arsenal de la dévotion*, p. 323.)

Quant au fait de lettres venues du ciel, la chose paraissait tellement admissible, pour ne pas dire naturelle, que le trait se rencontre comme *ficelle* dans les fabliaux. Dans l'un d'eux, « à la communion, tout à coup une colombe blanche descendit du ciel, et laissa sur l'autel un billet qu'elle portait dans son bec. Ce billet était envoyé par Madame sainte Marie.... » Ailleurs, une colombe descend du ciel et pose sur la tête d'un condamné qu'on va exécuter un billet qui expose son innocence. Legrand d'Aussy, *Anciens Fabliaux*, éd. de 1829, t. V, p. 59 et 156.)

portion de terrain de plus de deux lieues carrées, dont il fixa l'étendue en plaçant des bornes [1]. »

Cela se passait à la fin du VIIe siècle, et Bérégise fut le premier abbé du monastère d'Andage. Après diverses vicissitudes, l'abbaye devenue abbaye de Saint-Hubert, vit s'agrandir ses domaines et son influence ; les abbés de Saint-Hubert devinrent les seigneurs d'un véritable petit État féodal [2].

Les revenus de l'abbaye s'augmentaient encore de tributs volontaires que des paroisses et des familles éloignées envoyaient régulièrement chaque année pour être placées sous la protection du saint [3]. Le Saint-Siège témoignait à l'abbaye une faveur particulière : « On compte quatorze souverains pontifes, dit l'abbé Bertrand, depuis saint Grégoire VII (1073) jusqu'à Urbain VIII (1623) qui donnèrent des bulles ou des rescrits en faveur de l'abbaye de Saint-Hubert, lui accordèrent de nombreux privilèges et qui lancèrent un anathème éternel contre quiconque porterait atteinte aux biens meubles ou immeubles qu'elle possédait ou acquerrait à l'avenir. Une de ces bulles accordait aux abbés de Saint-Hubert le droit de porter les ornements épiscopaux dans les cérémonies ; plus tard on voit les abbés de Saint-Hubert siéger aux conciles et admis aux États du duché de Luxembourg. »

---

1. Abbé C.-J. Bertrand, *Pèlerinage de Saint-Hubert*, Namur, 1855, p. 16.

2. Voir Bertrand, *op. cit.*, p. 65 et suiv.

3. Ce n'était pas là une pratique isolée, et nombre d'autres couvents se faisaient un revenu de redevances qu'ils reconnaissaient par des services spirituels et pour lesquels ils délivraient des « brevets ». « C'était autrefois un pieux usage de la part des communautés religieuses, de délivrer aux personnes généreuses, qui les favorisaient de leur argent ou de leur crédit, des billets ou brefs d'association spirituelle, donnant participation au mérite de toutes les bonnes œuvres qui se faisaient dans ces communautés. Les prières des religieux suivaient leurs bienfaiteurs, même au delà du tombeau. » (R. P. Calixte, *Vie de saint Félix de Valois*, Paris, 1869, p. 299.)

Il y avait près du monastère un hôpital où logeaient les malades qui venaient chercher le remède de la rage. Car on venait à Saint-Hubert de fort loin, et souvent par bandes, quand un chien ou un loup enragé avait dans le même accès blessé un grand nombre de personnes. Au commencement du xviiie siècle, lorsque deux bénédictins qui allaient étudier les manuscrits conservés dans les cloîtres arrivèrent à Saint-Hubert, il y arriva peu après une bande de malheureux de ce genre. « Lorsque nous étions dans son monastère, disent-ils, il y arriva dix personnes du diocèse de Langres qui avoient été mordues par un chien enragé[1]. » A cette époque, aller de Langres à Saint-Hubert était un voyage plus long et plus difficile qu'il ne l'est aujourd'hui de venir de Smolensk au laboratoire de M. Pasteur.

L'église abbatiale, qui subsiste encore, a été commencée au xvie siècle après un incendie qui détruisit l'ancienne. La construction ne s'en continua que lentement : c'est une grande et belle église, appartenant au style gothique tertiaire et dont la façade est flanquée de deux tours puissantes. Malheureusement la façade s'étant écroulée à la suite d'un incendie, on la reconstruisit au xviiie siècle dans le lourd style du temps.

L'abbaye fut supprimée par la Révolution française, ses biens confisqués et vendus. En 1807, l'église allait être démolie quand quelques pieux fidèles, aidés par l'évêque de Namur, la rachetèrent et la rendirent au culte. Quant aux bâtiments attenants et qui formaient l'abbaye, ils eurent une autre destinée, et après avoir appartenu à divers particuliers, ils furent acquis par le gouvernement belge qui en a fait une maison de correction pour les jeunes détenus. L'ancienne et puissante abbaye n'a donc laissé d'autre souvenir que cette église, aujourd'hui desservie par le clergé paroissial de l'autre église, l'ancienne église paroissiale.

1. *Voyage littéraire de deux religieux bénédictins*, IIe partie, Paris, 1724, p. 145-147.

La ville de Saint-Hubert a donc aujourd'hui deux églises tout en formant une seule paroisse : et ce sont les prêtres de la paroisse qui jouent aujourd'hui le rôle d'aumôniers de Saint-Hubert.

Lors de la suppression de l'abbaye, en 1796, plusieurs religieux restèrent à Saint-Hubert et cachèrent la Sainte-Étole. Le moine Dom Isidore Bauwens, chargé du service de la Trésorerie, continua ses fonctions d'aumônier jusqu'au jour de sa mort, arrivée le 16 septembre 1813. Ce fut alors que Mgr Pisani de la Gaude, évêque de Namur, autorisa le clergé séculier de la ville de Saint-Hubert à continuer la pratique de la Taille.

Quatre années auparavant, l'illustre prélat avait érigé l'église de l'abbaye en église paroissiale. A cette occasion il s'était rendu à Saint-Hubert, et avait transféré lui-même, avec grande solennité, le Très-Saint-Sacrement de l'ancienne église paroissiale à la basilique.

Les illustres successeurs de Mgr Pisani, Mgr Dehesselle, Mgr Dechamps, Mgr Gravez, notre Révérendissime Évêque actuel, ainsi que nos seigneurs les Évêques de Liège, de Gand et de Tournai ont voulu faire le célèbre pèlerinage de Saint-Hubert. Nous avons vu ces prélats distingués visiter et honorer les reliques du glorieux saint par les mérites duquel Dieu se plaît à opérer tant de guérisons merveilleuses[1].

C'est dans l'ancienne église abbatiale que se concentre le culte du saint. A une lieue au nord-est se trouve la ferme de la *Converserie*, ainsi nommée parce que c'est dans le bois voisin que saint Hubert s'est *conversé*, c'est-à-dire converti ; il y avait là autrefois une chapelle en souvenir de l'apparition miraculeuse du cerf. En effet, du moment que le culte de saint Hubert avait son centre dans l'abbaye, il semblait naturel à l'âme populaire et synthétique que le miracle ait eu lieu en cet endroit même[2]. Dans

---

1. Hallet, p. 96.
2. Demarteau, *Saint Hubert*, 1882, p. 43 ; Bertrand, *Pèlerinage*, p. 73.

le parc qui touche à l'église se trouve une fontaine : d'après la tradition populaire, c'est saint Hubert qui l'aurait fait jaillir miraculeusement en frappant le sol de son bâton. C'est là, en effet, l'origine de la plupart des fontaines miraculeuses depuis le temps de Moïse et peut-être plus anciennement encore. Pourtant ni la ferme de la *Converserie*, ni la fontaine ne paraissent être aujourd'hui l'objet d'aucun culte. La piété populaire a un caractère utilitaire ; comme c'est dans l'église que l'on guérit de la rage et par un rite qui exige l'intervention du prêtre, c'est à l'église que vont les pèlerins, sans se soucier ni de la ferme de la *Converserie*, ni de la fontaine miraculeuse.

§ 2. — LE CORPS DU SAINT

Une des particularités du culte de saint Hubert est que ses reliques proprement dites n'y jouent et ne paraissent y avoir jamais joué aucun rôle : tous les miracles proviennent de l'Étole. Le corps même de saint Hubert ne paraît pas avoir été dépecé suivant l'usage qui faisait partager le corps des saints pour que de nombreuses églises en eussent leur part. Lorsqu'il fut transporté, en 825, dans l'abbaye d'Andage, à laquelle il devait donner son nom, on ouvrit le cercueil et on s'assura que le corps était dans son intégrité. Le corps fut alors renfermé dans une châsse d'argent. Au xii° siècle, il faillit être enlevé dans une surprise par Otbert, prince évêque de Liège ; mais les religieux réussirent à rester en possession de leur trésor. « En 1515, dit l'abbé Bertrand, Léon X donna une bulle dans laquelle il déclare qu'il résulte d'une pétition adressée au Saint-Siège, par l'abbé et les religieux d'Andage, que le corps de saint Hubert, entier et exempt de corruption, est conservé dans l'église de ce monastère. Et, persuadé de son intégrité, par le rapport de ses commissaires, le pape défend, sous peine d'excommunication, à tout monastère, à toute église, chapelle, etc , de dire qu'ils en possèdent une partie quelconque[1]. » Viennent les troubles de la Réforme; on n'expose plus les châsses; on cache les corps saints, pour les mettre à l'abri des insultes et de l'incendie des *gueux*. Que devint le corps de saint Hubert dans cette circonstance? fut-il brûlé lors du pillage et de l'incendie de l'abbaye par les huguenots, en 1568? fut-il caché par les moines? on n'en sait rien. S'il a été caché, la cachette a été si bien choisie, que, malgré les recherches et les sondages dans le sol de l'église, on n'a pu le retrouver depuis. L'opinion reçue parmi le clergé de Saint-Hubert et les pieux écrivains qui se sont occupés de cette question est pourtant que le corps n'est pas détruit, et qu'il se trouve encore caché quelque part, dans un caveau inconnu de l'église. En attendant, on prie pour que la Providence permette de retrouver le chemin de ce caveau mystérieux. On a imprimé en français et en flamand (la seconde langue de la Belgique) un *Appel à la prière pour retrouver le corps de saint Hubert*. Bien plus, sur la demande de l'évêque de Namur, le pape Pie IX « a accordé dans toute l'effusion de son âme la bénédiction apostolique aux personnes qui, réunies en pieuses associations, se proposent d'adresser au Très-Haut de ferventes prières pour la découverte du corps du glorieux saint Hubert[2]. » L'abbé Hallet, ancien aumônier de Saint-Hubert, auquel nous empruntons ce texte, invite aussi « les fidèles de tous les diocèses » à se rendre à cet appel pour découvrir cette cachette qui « est jusqu'ici le secret de Dieu. » « A cet effet, dit-il, ils pourront réciter les *Litanies de saint Hubert*, et ajouter la prière à saint Antoine de Padoue, invoqué spécialement pour retrouver les objets perdus. »

Le corps de saint Hubert est perdu, et il ne paraît pas qu'il ait jamais été partagé; pourtant, il y a de par le

---

1. Bertrand, *op. cit.*, p. 197.
2. F. Hallet, *La rage conjurée par l'œuvre de saint Hubert*, 2ᵉ édit., Paris et Bruxelles, p. 207.

monde des reliques qu'on prétend en provenir. M. l'abbé Corblet, dans son *Hagiographie du diocèse d'Amiens*, dit en termes exprès (t. IV, p. 320) : « M. l'abbé Macquet, qui mourut aumônier de l'hospice de Saint-Riquier, avait, pendant la Révolution, émigré à Hambourg ; il rapporta du trésor de la cathédrale de Liége un ossement de saint Hubert qu'il donna à l'église de Maison-Roland, son pays natal. » Pour avoir des renseignements plus précis, nous avons écrit à M. le curé de cette paroisse ; sa lettre nous a confirmé le fait, mais sans nous communiquer le texte de l'*authentique* que nous aurions voulu connaître et qui se trouve scellé dans le reliquaire [1].

Mais c'est un privilège fréquent aux saints de laisser plus de reliques que n'en laissent le corps des autres hommes ; on a vu plus haut qu'il reste trois têtes de saint Lambert.

Autrey, autrefois abbaye de chanoines réguliers et présentement petit séminaire du diocèse de Saint-Dié, possède un os du pied ou de la main, attribué à Saint-Hubert. Cette relique fut l'objet d'un pèlerinage considérable... En 1495, les religieux de

---

1. « J'ai su par les habitants de Maison-Roland, que M. l'abbé Hubert Macquet avait fait présent à la fabrique de l'église de Maison-Roland d'un ornement en velours de soie rouge, mais on ne m'a pas dit d'où venait cet ornement. Dans les registres de mon prédécesseur, M. l'abbé Gorin, j'ai trouvé une lettre signée L.-V. Cauchy, dans laquelle M. le curé de Saint-Sépulcre annonce qu'il lui envoie deux reliquaires dans l'un desquels sont renfermées des reliques de saint Maurice, patron de la paroisse de Maison-Roland, et dans le second plusieurs reliques, dont la principale, de saint Hubert, est un os d'un décimètre de longueur, grosseur d'un doigt, avec les authentiques enfermés dans les reliquaires cachetés et revêtus du sceau de l'évêché de Liége. Je n'ai pas pu lire ces authentiques ; pour cela, il aurait fallu briser les sceaux, ce qui ne m'était pas permis. Quant à la relique de saint Hubert, personne ne vient dans l'église où elle est exposée pour prier, afin d'être préservé de la rage. Voilà tout ce que j'ai appris au sujet des reliques que possède l'église de Maison-Roland. »

« Toutes les reliques de Maison-Roland ont été obtenues par l'entremise de feu M. l'abbé Hubert Macquet. »

Saint-Hubert en Ardennes attaquèrent la vérité de la relique d'Autrey, alléguant que le corps du saint évêque de Tongres reposait entier dans leur monastère. La cause fut plaidée devant l'évêque de Bâle, puis, en 1513, devant l'évêque de Toul ; quelques années plus tard, elle fut portée en cour de Rome : elle ne fut point jugée quant au fond. En effet, de telles questions ne peuvent être tranchées par une sentence d'autorité. La relique d'Autrey, qui a une possession nombre de fois séculaire, ne peut être dépossédée que par l'exhibition du corps de saint Hubert entier, et sans aucune altération dans aucun de ses membres ; or, à Saint-Hubert des Ardennes, on n'est point en mesure de fournir la preuve de cette affirmation avancée il y a près de quatre siècles. Depuis 1792, la relique d'Autrey se conserve dans l'église paroissiale de Rambervilliers [1].

Limé, dans le canton de Braisne (Aisne), possède aussi une relique de saint Hubert qui, depuis bien des siècles, attire nombre de pèlerins. « Ces saintes reliques, dit un ancien procès-verbal, rédigé en 1735, par l'ordre de l'évêque de Soissons, ont été de temps immémorial révérées des peuples, sous l'invocation de saint Hubert, notamment de ceux qui avaient eu le malheur d'être mordus par des bêtes enragées, lesquels ont souvent ressenti la protection de ce grand saint, n'ayant encouru aucun dommage de leurs blessures ; faits qu'il est aisé de prouver par les sujets encore existants, qui ne cessent de le publier, en se rendant assidûment chaque année, par reconnaissance, au dit Limé, lieu de son culte, etc. » On assure encore aujourd'hui qu'aucune bête enragée n'a jamais commis de ravage sur le territoire de Limé [2].

§ 3. — LES RELIQUES : LA SAINTE-ÉTOLE

« Quel que soit d'ailleurs le sort du corps de saint Hubert, nous dit l'abbé Bertrand, il n'est pour rien dans l'efficacité

---

1. P. Guérin, *Petits Bollandistes*, XIII, 139.
2. P. Guérin, *ibid*.

du pèlerinage qui se fait continuellement à son église. Sous ce rapport, le corps n'est pas, à nos yeux, la relique principale. La relique principale, selon nous, c'est la Sainte-Étole. Voilà ce don précieux que le Seigneur a fait à l'humanité souffrante ; voilà le premier objet de la vénération du pieux pèlerin ; voilà ce à quoi la ville de Saint-Hubert doit son origine, ses ressources et ses communications ; voilà ce qui attire dans ses murs et sous son ciel glacé les étrangers de tous les pays. C'est à la Sainte-Étole à qui tant de malheureux doivent leur conservation ; c'est à elle que nous devons notre respect et notre vénération [1] »

Il est, en effet, digne de remarque que ce n'est pas le corps, ce ne sont pas les reliques directes de saint Hubert qui produisent le miracle séculaire, c'est l'étole du saint. Le lecteur sait qu'on nomme étole un ornement sacerdotal formé d'une bande d'étoffe qui descend du cou jusqu'aux pieds. Pour une relique aussi importante, puisqu'un ange l'aurait apportée directement du ciel en cadeau de la vierge Marie, on peut s'étonner qu'elle ne figure pas dans la vie primitive du saint. Cette vie nous apprend seulement que le saint fut enseveli avec ses ornements sacerdotaux, et que seize ans après cette inhumation ils furent retrouvés aussi intacts que le corps même de l'évêque. La légende elle-même n'est pas ancienne et l'impitoyable M. Demarteau se demande « si cet incident merveilleux n'est pas, comme celui du cerf, une plante parasite [2]. » Ici encore la légende paraît avoir été empruntée à la légende d'un autre saint, selon le principe instinctif des hagiographes qui les porte à bourrer de tous les miracles à eux connus la vie du saint qu'ils célèbrent. « Peut-être, dit M. Demarteau, faudrait-il faire honneur de cette légende, si honneur il y a, au génie inventif de notre bon Jean d'Outre-Meuse. Constatant à la fin du XIVe siècle, après bien d'autres déjà, les

---

1. Bertrand, *op. cit.*, p. 203.
2. Dissertation de 1882, p. 54.

prodiges opérés par cet ornement sacré, il aura voulu sans doute les expliquer en le faisant venir directement du ciel, et il aura appliqué encore une fois au saint liégeois une histoire racontée *précédemment*, soit de saint Bonnet, évêque de Clermont en Auvergne au temps de saint Hubert, soit de saint Ildephonse, archevêque de Tolède au VII° siècle : on prétend, en effet, que chacun de ces deux prélats aurait reçu de la Vierge elle-même une chasuble pour célébrer le saint sacrifice¹. »

Pourquoi la relique d'où dérive la guérison de la rage est-elle une étole plutôt que toute autre relique? L'étole a toujours joué un rôle dans le rite par lequel l'église exorcisait les possédés ou démoniaques, c'est-à-dire les fous, car on sait que la folie était expliquée par la *possession* ou la présence d'un démon; chasser le démon, c'était guérir le malade. L'imposition de l'étole, c'est-à-dire le fait de passer l'étole sacerdotale, objet bénit s'il en fût, au cou du possédé, forçait le démon à sortir de ce corps malheureux, car il ne pouvait supporter le contact d'un objet bénit. De même dans un grand nombre de légendes où un saint délivre un pays infesté par un dragon redoutable, le dragon devient doux comme un mouton dès que le prêtre lui a passé l'étole au cou, et il va docilement se noyer dans la rivière ou le lac que le saint lui indique. Or les enragés étaient confondus avec les possédés et les démoniaques; cette confusion existe encore aujourd'hui à Constantinople, nous dit le P. Victor de Buck². D'après une lettre du pape Léon X, citée plus loin (p. 76) on traitait encore à Saint-Hubert les possédés et les « hérétiques », tout autant que les gens mordus, et cela au XVI° siècle.

Un chapitre des *Miracles* met cette confusion en pleine lumière, et montre que, si l'insertion d'une parcelle de l'é-

---

1. Rappelons aussi que la Sainte-Chandelle d'Arras a été apportée par la sainte Vierge elle-même au commencement du XII° siècle, dans la cathédrale de cette ville.

2. Cité dans Hallet, *op. cit.*, p. 19.

tole est devenue l'unique remède, il n'en était pas de même autrefois. On traitait aussi les enragés comme simplement possédés ou démoniaques.

Un gentilhomme du nom de Josbert, de Marle, près Laon, ayant été mordu, fit le pèlerinage de Saint-Hubert, reçut la taille et l'instruction pour la neuvaine. Il revient tranquillement chez lui ; mais comme il néglige d'accomplir les prescriptions de la neuvaine, il retombe malade et on est forcé de le ramener de nouveau à Saint-Hubert. Cette fois, pour exprimer sa reconnaissance au saint, il donne à l'abbaye le tiers de son bien d'Evergnicourt. Au bout d'un certain temps, il s'avise malheureusement que ses revenus vont se trouver diminués, et à l'instigation du démon, il revient sur sa donation. Désormais en proie à l'esprit immonde, il se jette sur sa femme, lui déchire et lui arrache le visage avec ses dents et lui donne la rage. On le saisit, on le lie et on le mène malgré lui à Saint-Hubert. Là, après une accalmie et un nouvel accès, on le porte attaché dans l'église. Pendant trois jours, on essaie en vain de lui faire prendre de la poussière du tombeau du saint[1] ; on le met alors dans un tonneau d'eau froide avec des exorcismes et on y ajoute de cette même poussière. Mais le malin ne peut résister à ces signes de la puissance divine ; il sort du corps de celui qu'il possédait ; il sort par le chemin qu'il prend le plus souvent en pareil cas ; aussi s'explique-t-on aisément l'odeur fétide que le démon laisse d'ordinaire derrière lui quand il sort du corps d'un possédé. Dans le cas de Josbert, le... bruit fut si fort que le tonneau en éclata. On accourt au bruit ; on trouve Josbert évanoui ; mais bientôt il revient à lui ; il est guéri. Il rend grâce à Dieu et au saint, et il reste un mois à Saint-Hubert, où sa femme est taillée, fait la neuvaine et est également guérie. Après avoir renouvelé sa donation il rentre chez lui, et

---

1. Sur cet usage de thérapeutique sacrée, voir notre *Appendice*.

demeure, pour le reste de ses jours, dévot à saint Hubert[1].

Quoiqu'il en soit, la pratique particulière de l'étole a peu à peu supplanté toute autre. A une date que nous ne pouvons connaître, on aura cru rendre le traitement plus efficace et plus permanent en insérant dans le corps même du mordu un fragment de l'objet sacré. C'est au front, comme on va voir, que se fait cette inoculation : peut-être est-ce parce que l'imposition des cendres se fait au même endroit, dans la cérémonie bien connue du premier mercredi de carême.

Si la légende de l'origine surnaturelle de l'étole est relativement moderne, son emploi médical est beaucoup plus ancien, et la *taille* est mentionnée dans la *Vie* de la fin du xie siècle (*auro sacratæ stolæ capiti periclitantis de morc insito*).

La Sainte Étole est, nous dit M. Demarteau, « un bandeau de soie mêlée d'or, d'une longueur d'un mètre environ sur quatre centimètres et demi de largeur; » et il émet le vœu qu'elle soit soumise à l'examen « d'archéologues experts en l'art de reconnaître les étoffes antiques[2]. » Mais un examen de ce genre aurait déjà eu lieu, à entendre la protestation de l'abbé Bertrand. « Des antiquaires habiles qui ont examiné cette relique nous ont souvent dit que l'on ne travaillait pas ainsi la soie avant le xie siècle. Nous démontrerons pourtant que cette étole a été portée par saint Hubert, et que par conséquent son origine remonte au viiie siècle; ce qui favorise l'opinion, qui la fait *descendre du ciel*[3]. » La *démonstration* de M. l'abbé Bertrand repose seulement sur les vies *modernes* d'après lesquelles en aurait retiré l'étole du cercueil lors de la translation du corps à Andage en 825. Mais ces textes modernes sont sans autorité en présence du silence des anciennes Vies.

---

1. *Acta SS. ordinis S. Benedicti*, ive siècle, Ire partie, p. 303 (éd. de Paris).
2. Dissert. de 1882, p. 54.
3. Bertrand, *op. cit.*, p. 101.

M. l'abbé Bertrand, et après lui M. l'abbé Hallet distinguent, du reste, les deux questions de l'origine céleste et de la vertu miraculeuse de l'Étole.

L'Étole conservée à la Trésorerie, dit M. Bertrand, est celle-là même que la sainte Vierge fit remettre à saint Hubert par le ministère d'un ange, au moment de sa consécration comme évêque de Tongres. Les principaux auteurs qui ont écrit sur la vie de saint Hubert, tels que Happart, R. Hancar, Fisen, le savant Roberti, Bertholet, etc., ne doutent nullement que l'origine de cette Étole soit céleste. Cependant ce n'est pas un point de foi aux yeux de l'Église, c'est seulement un sentiment qu'il est libre à tout catholique d'embrasser. « Ce serait peu connaître le catholicisme si l'on pensait qu'il est défendu aux catholiques de croire ce qu'ils veulent au sujet de la sainte Étole de saint Hubert. » Ce sont les paroles du savant et célèbre auteur de *La sainte Étole vengée...* Il est évident que l'Église ne transforme pas en point de foi proprement dit et obligatoire les pieuses croyances qu'elle permet et doit permettre d'embrasser ou de rejeter librement, puisqu'elles n'ont rien de répréhensible et qu'elles ne manquent pas d'ailleurs de fondement suffisant pour donner lieu à une croyance raisonnable. Quelle que soit l'origine de la Sainte-Étole, il est certain qu'elle a appartenu à saint Hubert; on l'ôta de son corps, lors de sa translation à Andage (825), comme l'attestent Happart, Hancar et le P. Roberti. Elle ne tarda pas à acquérir une grande réputation miraculeuse. Les auteurs catholiques qui ne croient pas à sa descente du ciel, reconnaissent son authenticité et sa vertu miraculeuse. La tradition ne fait pas dériver sa vertu miraculeuse de son origine céleste, mais de ce qu'elle a appartenu à saint Hubert. « Pour être miraculeuse, il ne faut pas que la Sainte-Étole soit venue du ciel. » On ne défendra pas à Dieu de glorifier des reliques, quoiqu'elles ne soient pas venues du ciel. Les linges de saint Paul, dont parle l'Écriture sainte, guérissaient les malades sans être descendus du Ciel. Il faut en dire autant de l'ombre de saint Pierre que je ne sache pas non plus être descendue du Ciel. Les prodiges de protection que Dieu multiplie en faveur de ceux qui honorent saint Hubert dans cette précieuse relique, ne dépendent ni en réalité, ni dans le sentiment des fidèles, de l'opinion qui la fait descendre du ciel, mais de cette vérité qu'elle a été portée par saint Hubert. Et c'est sur ce double fondement de son authenticité et de sa vertu miraculeuse qu'a toujours été fondé l'usage salutaire qu'on en a fait pour guérir de l'hydrophobie[1].

La vertu de l'étole opère par les parcelles qui en sont détachées. « Depuis plus de mille ans, dit M. l'abbé Hallet, on détache de temps en temps des parcelles de la Sainte Étole, pour deux fins, savoir : 1° pour toucher les objets bénits, tels que chapelets, médailles, bagues, cornets, clefs, etc; 2° pour l'opération de la taille. Dans le premier cas, on coupe un petit morceau de l: Sainte-Étole, que l'on applique sur une pelote et que l'on remplace quand il est entièrement usé. Dans le second cas, on détache des fils que l'on réduit ensuite en parcelles[2]. »

Malgré le fréquent enlèvement de ces parcelles, l'étole n'a pas sensiblement diminué.

Le Père Roberti avait fait, en 1621, le calcul des parcelles qu'on pouvait avoir détachées de l'Étole pendant huit cents ans, c'est-à-dire depuis l'époque de la translation du corps de saint Hubert, et il trouva que ces parcelles réunies formeraient une étendue de dix-sept pieds et demi d'étoffe, ayant la même longueur que l'Étole de la Trésorerie. Si à cette longueur on ajoute la longueur dans laquelle se trouve actuellement l'Étole de saint Hubert, on aura, dit-il, une longueur totale de plus de vingt pieds. Cependant l'étole ecclésiastique la plus longue a à peine dix pieds. Ce calcul du savant jésuite ne lui fait pas dire, ce qu'aucun auteur catholique ne dit, à savoir, que l'Étole de saint Hubert ne diminue pas, il avoue même qu'au temps où il écrivait, elle était diminuée. Mais si l'on considère : 1° le grand nombre de parcelles qu'on en détache depuis tant de siècles ; 2° que plusieurs églises et même plusieurs particuliers en ont des morceaux considérables en leur possession, on sera étonné, ou plutôt on ne comprendra pas comment elle a conservé l'étendue qu'elle a encore aujourd'hui.

---

1. Bertrand, p. 143-145; cf. Hallet, p. 54.
2. Hallet, *op. cit.*, p. 56.

On ne sera pas moins surpris qu'elle ait conservé son intégrité essentielle, malgré l'action de l'air et de l'humidité, malgré le contact et les déplacements continuels qu'elle a subis. Mais Celui qui au temps d'Élie et d'Élisée, n'a pas laissé diminuer la farine et l'huile de deux pauvres veuves, et qui a nourri lui-même quatre mille hommes avec sept pains, peut faire et fait encore tous les jours des merveilles qu'il serait aussi ridicule à l'homme de vouloir comprendre qu'empêcher [1].

On conserve encore d'autres reliques du saint dans le trésor de l'église abbatiale, reliques qui auraient également été retirées de son cercueil en 825 : un fragment de peigne en ivoire; « une crosse d'ivoire d'un travail très soigné, peut-être trop pour l'époque à laquelle on la fait remonter [2] », le cor de chasse du saint, puisqu'il est le patron des chasseurs : c'est une trompe d'ivoire de cinquante-trois centimètres de longueur, garnie de larges plaques de cuivre [3]. « La Trésorerie contient aussi une chasuble donnée aux moines d'Andage, dit M. l'abbé Bertrand, par Louis le Débonnaire. Une anecdote montrera comme tout grandit dans l'imagination populaire, ou plutôt comme tout, dans l'obscur travail mental des masses, se groupe autour d'une idée unique et vient s'y rattacher : un marchand d'objets de piété à Saint-Hubert, nous parlant des reliques de saint Hubert conservées dans l'église, mettait dans son énumération « le manteau donné par Charlemagne à saint Hubert! »

---

1. Bertrand, p. 105.
2. Bertrand, op. cit., p. 106.
3. Cet olifant, ou cor de chasse de saint Hubert, n'est pas seul de son espèce. On en conserve un autre au musée de la ville du Puy-en-Velay. D'après une tradition locale, cet olifant aurait appartenu à saint Hubert, et à ce titre il était conservé depuis une époque très reculée dans le trésor de la cathédrale du Puy. Au moment de la Révolution, il fut sauvé par un chanoine de cette cathédrale, M. d'Authier de Saint-Sauveur, qui plus tard en fit don au musée de la ville.

§ 4. — LA TAILLE ET LE RÉPIT

Une anecdote rapportée par M. l'abbé Hallet met bien en lumière l'intercession spéciale de saint Hubert dans les cas de rage. Vouloir s'adresser à d'autres qu'à lui, même à de plus grands que lui, serait perdre sa dévotion et sa peine, s'il faut croire les apologistes et aumôniers de saint Hubert.

Le père Roberti, dans son *Historia sancti Huberti* (1620), raconte le trait suivant arrivé à Durbuy (Luxembourg) et dont il assure avoir eu lui-même sous les yeux le témoignage écrit e signé par les autorités locales.

Une femme fut attaquée dans les champs par un loup enragé. Elle se défendit comme elle put contre le terrible animal, qui lui fit plusieurs blessures. Tantôt elle cria au secours, tantôt elle invoqua les saints noms de Jésus et de Marie, mais inutilement, lorsqu'il lui vint à l'esprit d'invoquer aussi le nom de notre grand Saint, le Patron spécial contre la rage. A peine eut-elle prononcé le nom de saint Hubert, que l'animal lâcha prise et s'enfuit dans le bois.

Le nom de saint Hubert était-il donc plus puissant auprès de Dieu que les saints noms de Jésus et de Marie ? Nullement, mais ce fait dénote simplement que le Seigneur, en vue du *pouvoir spécial* qu'il a accordé à saint Hubert contre la rage, veut le voir honorer d'une manière spéciale en tout danger de la terrible maladie [1].

---

1. Hallet, p. 155. — Dom Guéranger rapporte une anecdote de ce genre, à cela près qu'il y est question de saint Benoît. Un esprit frappeur, évoqué dans une table tournante, déclare que la médaille de saint Benoît l'avait précédemment empêché de se manifester, mais que la médaille de la sainte Vierge n'aurait pas eu ce pouvoir. « Quelques personnes, ajoute Dom Guéranger, ont paru étonnées de ce que, dans la circonstance que nous racontons, Dieu ait voulu agir par le moyen de la médaille de saint Benoît, plutôt que par celle de la sainte Vierge. Elles n'ont pas réfléchi que ce raisonnement irait à anéantir le recours aux saints, puisque la sainte Vierge exerce un pouvoir incontestablement plus étendu que celui de tous les saints ensemble. Il serait à propos que ces personnes comprennent que Dieu lui-même nous accordant

Après ce témoignage du P. Roberti, nous pouvons croire au propos répété par Henri Estienne « que si le Saint-Esprit estoit mors (mordu) d'un chien enragé, encore faudroit-il qu'il vint à saint Hubert s'il vouloit être guari. Ce qui fut dict par un porteur de rogatons ayant des reliques du dict saint Hubert[1]. »

Il y a deux opérations curatives de la rage : la *taille* et le *répit*.

La personne qui doit être taillée a, le matin, entendu la messe et communié, car elle doit être en état de grâce. Elle est introduite dans la Trésorerie; c'est une sorte de sacristie où sont conservées les reliques et le *trésor* de l'église. La pièce est petite : au fond les armoires contenant le « trésor »; une barrière en bois, formant prie-Dieu sur son côté extérieur, est placée en avant des armoires. Le prêtre s'assied derrière la barrière, après avoir passé à son cou une étole verte. Le pénitent (on peut donner ce nom à la personne mordue) s'agenouille devant lui. Le prêtre récite les formules rituelles, et fait dire au pénitent une courte prière à saint Hubert. Cela fait, le pénitent s'assied dans un fauteuil et renverse la tête en arrière; le prêtre, avec un canif, lui fait au front une incision perpendiculaire d'environ deux centimètres de long : on voit se dessiner une ligne sanglante. L'incision faite, le prêtre soulève légèrement l'épiderme avec un poinçon et y introduit « une très petite parcelle d'un filament détaché de la Sainte-Étole. » Pour éviter que la relique ne s'échappe et ne se perde, car l'opération perdrait son efficacité et la relique serait profanée, le prêtre recouvre aussitôt l'incision d'un

---

souvent par Marie des faveurs que nous lui avions demandées sans être exaucés, Marie daigne aussi trouver bon que nous obtenions par les saints des secours qu'il ne dépendrait que d'elle de nous accorder. » (Dom Guéranger, *Essai sur l'origine, la signification et les privilèges de la médaille ou croix de saint Benoît*, 9e édit. (1885), p. 72.)

1. Henri Estienne, *Apologie pour Hérodote*, ch. xxxix.

bandeau noir qui fait le tour de la tête et que la personne taillée doit garder pendant neuf jours. Le remède, comme on voit, résulte de l'introduction d'une relique dans le corps. C'est l'application d'un principe de thérapeutique religieuse dont il y a nombre d'exemples et dont nous parlons dans notre appendice.

L'opération est achevée : le prêtre inscrit dans un registre le nom et l'adresse de la personne *taillée*, et il remet à celle-ci, avec une attestation, le texte des prescriptions de la neuvaine qu'elle doit suivre après l'opération. Le voici :

1° Elle doit se confesser et communier sous la conduite et le bon avis d'un sage et prudent confesseur qui peut en dispenser [1].

2° Elle doit coucher seule, en draps blancs et nets, ou bien toute vêtue lorsque les draps ne sont pas blancs.

3° Elle doit boire dans un verre ou autre vase particulier ; elle ne doit point baisser la tête pour boire aux fontaines ou rivières, sans cependant s'inquiéter, si elle regardait ou se voyait dans les rivières ou miroirs.

4° Elle peut boire du vin rouge, clairet et blanc mêlé avec de l'eau, ou boire de l'eau pure.

5° Elle peut manger du pain blanc ou autre, de la chair d'un porc mâle d'un an ou plus, des chapons ou poules aussi d'un an ou plus, des poissons portant écailles comme harengs, saurets, carpes, etc., des œufs cuits durs ; toutes ces choses doivent être mangés froides ; le sel n'est point défendu.

6° Elle peut se laver les mains et se frotter le visage avec un linge frais ; l'usage est de ne pas se faire la barbe pendant les neuf jours.

7° Il ne faut pas peigner ses cheveux pendant quarante jours, la neuvaine y comprise.

8° Le dixième jour il faut faire délier son bandeau par un prêtre, le faire brûler et en mettre les cendres dans la piscine.

9° Il faut garder tous les ans la fête de saint Hubert, qui est le troisième jour de novembre.

1. Autrefois on prescrivait aux personnes taillées la confession et la communion pendant neuf jours consécutifs, *avec le consentement du confesseur.*

10° Et si la personne recevait de quelques animaux enragés la blessure ou morsure qui allât jusqu'au sang, elle devrait faire la même abstinence l'espace de trois jours¹, sans qu'il soit besoin de revenir à Saint-Hubert.

11° Elle pourra enfin donner répit ou délai de quarante jours à toutes personnes blessées ou mordues à sang ou autrement infectées par quelques animaux enragés². »

Ces prescriptions sont d'ordre divers : les unes, et ce sont celles qu'on indique comme les plus importantes, ont pour but de « purifier l'âme et le corps, par la grâce annexée aux sacrements de Pénitence et d'Eucharistie. » En effet, comme l'a écrit le P. Roberti, on doit reconnaître « qu'il a été très saintement ordonné que celui qui veut obtenir de Dieu la santé corporelle, travaille premièrement à guérir les maladies de son âme; celles-ci étant parfois la cause d'infirmités corporelles, selon les paroles de Notre-Seigneur au malade guéri, en saint Jean, chapitre v, v. 14 : *Vous voilà guéri : ne péchez plus à l'avenir, de peur qu'il ne vous arrive quelque chose de pis*³. »

Les autres prescriptions sont d'ordre naturel, ce sont des précautions hygiéniques, dont quelques-unes font aujourd'hui sourire, mais elles remontent à une époque où la médecine comptait par centaines les recettes pour nous naïves ou ridicules. Ces prescriptions recommandent un régime modéré et frugal, propre à ne pas réveiller ou aviver le mal. Lorsqu'on demande une faveur à un saint, on ne doit rien faire de contraire à la faveur que l'on demande⁴. C'est dans cet esprit qu'on explique les prescriptions de la neuvaine qui ont une apparence bizarre, par exemple

---

1. *Faire la même abstinence*, c'est-à-dire observer les articles de la Neuvaine pendant trois jours.
2. Hallet, p. 72-74.
3. Cité dans Hallet, p. 81.
4. « Attendre de Dieu une guérison de ce genre en faisant des choses contraires à cette guérison, c'est ne pas montrer de la confiance, c'est tenter Dieu, c'est se moquer. » Bertrand, p. 153.

les mesures de propreté des articles 2 et 3. C'est par esprit de pénitence et d'abstinence qu'on s'abstiendra de divers mets. C'est pour éviter de laisser sortir du front la parcelle de la Sainte-Étole que l'on ne devra point se baisser pour boire aux fontaines et aux rivières, et aussi s'abstenir du peigne et du rasoir[1].

La *taille* ne se donne qu'aux personnes qui ont été mordues *à sang* et quand on a lieu de croire que le chien ou tout autre animal qui a mordu était réellement enragé. Ce serait abuser des saintes reliques que s'en servir sans raison suffisante. « La taille est regardée comme une faveur, qu'on ne peut accorder distinctement à toutes les personnes qui la désirent, mais seulement à celles qui sont censées avoir contracté le principe de la rage. La personne qui a été taillée doit faire une neuvaine conformément à un agenda qui lui est remis[2]. » Elle ne se donne aussi qu'aux personnes ayant atteint l'âge de discrétion : les enfants qui n'ont pas encore fait leur première communion ne sont pas admis à être taillés.

Le *répit*, dont le nom indique la signification, n'implique aucune opération. Il se donne soit aux enfants qui ont été mordus *à sang*, soit aux grandes personnes chez lesquelles la morsure n'a pas pénétré jusqu'à la chair vive, ni produit de contusion.

Aux enfants mordus *à sang*, on donne ce qu'on appelle le *répit à terme* de quinze à trente ans suivant les circonstances. L'enfant est assuré contre la rage pendant ce délai. Il s'agenouille devant le prêtre selon le rite décrit plus haut et celui-ci lui touche le front avec la pelote-reliquaire

---

1. « La guérison de la rage par la Taille est aussi surnaturelle [que plusieurs guérisons miraculeuses rapportées dans la Bible]. Dieu pourrait aussi l'opérer sans exiger la pratique des prescriptions de la Neuvaine ; néanmoins, il veut qu'on observe ces prescriptions qui ont quelque rapport avec la guérison produite par sa puissance. » Bertrand, p. 166.

2. Hallet, p. 58.

recouverte d'un fragment de la Sainte-Étole. Les parents doivent au nom de l'enfant, faire une neuvaine de prières en l'honneur de saint Hubert. L'enfant lui-même, devra, après sa première communion, ou plus tard, devenu homme, mais avant le terme de son *répit*, retourner à saint Hubert pour le faire renouveler.

Une seconde sorte de répit est le *répit à vie*, qui se donne pour 99 ans.

On accorde le répit de 99 ans à trois classes de personnes :

a) A celles qui ont été mordues jusqu'au sang par un animal qui ne présentait que des indices douteux de rage ;

b) Aux personnes qui ont été mordues par un animal enragé si la morsure *n'a pas pénétré jusqu'à la chair vive, ni produit de contusion*, dit l'auteur de la *Vie et miracles* ;

c) Aux personnes qui, bien qu'elles n'aient éprouvé aucune lésion provenant d'un animal enragé, se croient infectées du venin de la rage ou craignent que ce malheur ne leur arrive par suite de la frayeur ou pour quelque autre cause[1].

Ces personnes doivent faire une neuvaine en l'honneur de saint Hubert. Les prières à réciter, chaque jour de la neuvaine, sont cinq Pater et cinq Ave avec l'invocation suivante : *Saint Hubert, priez pour moi, afin que je sois préservé de ce mal.* Les aumôniers « prescrivent également, ou imposent, s'ils le jugent nécessaire, de faire une bonne confession et une sainte communion, afin d'obtenir plus sûrement, par ce double moyen, la faveur qu'on sollicite. »

Les aumôniers de Saint-Hubert remarquent, du reste, dans leurs écrits[2], qu'à côté de la rage, il y a aussi la maladie de la peur (souvent aussi dangereuse que la rage elle-même) chez les personnes où la morsure n'a fait qu'effleurer la peau ou bien qui ont été souillées par la bave ou la salive du chien. « Par le *répit*, ces pauvres malades re-

---

1. Hallet, p. 102.
2. Bertrand, *op. cit.*, p. 170, et Hallet, *op. cit.*, p. 104.

trouvent la tranquillité morale et conséquemment la santé du corps. »

Seuls les aumôniers de Saint-Hubert en Ardenne ont le pouvoir de donner le *répit à terme* et le *répit à vie*. Quant au *répit de 40 jours* qui en est la troisième forme, toutes les personnes qui ont subi l'opération de la taille peuvent le donner.

La manière de prendre le répit de 40 jours, selon l'auteur du livre *Vie et Miracles de Saint-Hubert*, c'est d'aller trouver ou de faire venir chez soi une personne, soit homme, soit femme, autrefois taillée de la Sainte-Étole. Il faut se mettre à genoux devant cette personne comme représentant saint Hubert en cette occasion, et lui dire : *Je vous demande Répit au nom de Dieu, de la bienheureuse Vierge Marie et du glorieux saint Hubert*. La personne autrefois taillée accorde la grâce demandée en répondant : *Je vous donne Répit pour 40 jours, au nom de Dieu, de la bienheureuse Vierge Marie et du glorieux saint Hubert, au nom du Père et du Fils et du Saint-Esprit. Ainsi soit-il.*

En disant ces dernières paroles elle fait le signe de la croix, en forme de bénédiction, sur celui à qui elle vient de donner Répit.

Si la personne dont il s'agit n'était pas en état de pouvoir demander elle-même le Répit de 40 jours, une autre personne devrait en faire la demande à sa place, et en sa présence[1].

On fait renouveler ce répit de quarante en quarante jours jusqu'à ce qu'on soit en état de faire le pèlerinage de Saint-Hubert.

Comme on l'a déjà remarqué, le pouvoir de donner le *répit* est le *pouvoir de faire un miracle*[2], et ce pouvoir est délégué aux personnes *taillées* parce qu'elles portent en elles-mêmes, sur le front, un fragment de la Sainte-Étole.

Et même encore, si l'on ne connaît aucune personne

---

1. Hallet, p. 116.
2. Hallet, p. 98.

taillée et qu'on ne puisse se rendre à Saint-Hubert, on a encore la ressource de la correspondance, à ce que nous apprend M. l'abbé Hallet.

Quant aux personnes qui habitent les pays étrangers et pour lesquelles le voyage de Saint-Hubert serait momentanément fort difficile à effectuer, nous leur conseillons de s'adresser par lettre à M. le Curé-Doyen de Saint-Hubert qui pourra leur faire parvenir dans une enveloppe, l'un ou l'autre objet bénit ayant touché à la Sainte-Étole, que ces personnes devront porter sur elles pendant la neuvaine à faire.

C'est ainsi qu'en 1877 un prêtre anglais mordu par un chien et sentant déjà les atteintes du terrible mal, a été guéri et en reconnaissance de sa guérison a fait le pèlerinage des Ardennes[1].

Le registre tenu par les aumôniers de Saint-Hubert permet de dresser une statistique de la *taille* et en juin 1845, le curé-doyen de Saint-Hubert écrivait à ce sujet : « Depuis le 12 octobre 1806 jusqu'au 1ᵉʳ janvier 1835, on en tailla plus de quatre mille huit cents. Depuis cette époque on taille annuellement cent trente à cent quarante personnes mordues à sang[2]. » S'il faut en croire les pieux écrivains que nous mettons à contribution, « les Annales de l'abbaye rapportent que vers 1561 le fameux réformateur Jean Calvin aurait envoyé à Saint-Hubert un de ses fils mordu par un chien enragé ; après avoir abjuré les principes religieux de son père, ce jeune homme aurait été taillé et préservé de la rage[3]. »

Les pèlerins sont invités à donner les renseignements les plus circonstanciés sur leur morsure, et autant que

---

1. Hallet, p. 121.
2. Bertrand, p. 161.
3. Bertrand, p. 178, et Hallet, p. 89, n. Le voyage du fils de Calvin est raconté par le jésuite Prola dans son livre *de Novendialibus supplicationibus*, Rome, 1714, p. 230. Ajoutons en passant que cet auteur, pas plus que la plupart des auteurs anciens, ne met en doute les miracles de l'étole et de la clef miraculeusement apportées à saint Hubert.

possible des attestations de leur curé et de l'autorité municipale. Les aumôniers jugent alors s'ils doivent donner la taille ou le répit. Il ne manque pas en effet d'exemples mémorables de pèlerins qui ont succombé après avoir reçu le répit; mais c'était leur faute, et on nous assure qu'ils avaient refusé de se laisser tailler.

« Une personne riche et instruite (habitant la Belgique) qui avait persisté dans son refus de subir l'opération de la taille, rendue nécessaire par la morsure qu'elle avait reçue d'un chien, est morte dans la rage, six semaines après son passage par Saint-Hubert, où on lui avait clairement et itérativement expliqué que le répit de 99 ans, qu'elle réclamait et qu'elle se fit donner pour ne pas être taillée, était pour elle insuffisant.

« Deux autres personnes habitant la France (Pas-de-Calais) se trouvant dans les mêmes circonstances que la précédente, ont eu le même malheureux sort [1]. »

Avant de terminer ce chapitre, reproduisons la mention de succursales qu'aurait eues l'abbaye de Saint-Hubert. « A Lattrey et à Nonweilles, dit Andry, églises où sont des reliques de saint Hubert, on fait le même régime et le même traitement qu'à l'abbaye de Saint-Hubert [2]. »

Le P. Prola parle d'une chapelle de saint Hubert *in arce Moriacourt in Artesiæ confiniis*. Les gens mordus s'y rendaient et se guérissaient en y faisant une neuvaine : les miracles ont été constatés par un prêtre de Thérouanne et par l'évêque de Boulogne [3].

---

1. Hallet, p. 111.
2. Andry, *op. cit.*, p. 325. Nous n'avons point trouvé trace de ces localités ni de ce culte. Mais Lattrey serait-il une faute pour Autrey? On a vu plus haut (p. 58) que cette localité prétendait posséder une relique de saint Hubert.
3. Prola, *de Novendialibus supplicationibus*, p. 231.

CHAPITRE TROISIÈME

§ 5. — LE POINT DE VUE RELIGIEUX ; OPINIONS DE DOCTEURS GRAVES ; QUE FAUT-IL PENSER DE CES PRATIQUES ET DE LEUR EFFICACITÉ AU POINT DE VUE RELIGIEUX ?

Elles paraissent entourées de toutes les recommandations de l'Église, et dès les premières pages du *Manuel du Pèlerin de Saint-Hubert*, de M. l'abbé Hallet, on lit les « approbations » de l'archevêque de Malines et des évêques de Namur, de Liège et de Gand, approbation où ces prélats expriment la confiance qu'ils ont « dans la puissante intercession du glorieux saint Hubert », « le Thaumaturge de nos Ardennes. » Des papes même se sont exprimés dans le même sens dans des bulles en faveur de l'abbaye ou de l'œuvre de Saint-Hubert. Voici par exemple, un passage d'une lettre du pape Léon X, en date du 4 septembre 1515.

« Suivant une pieuse croyance, de nombreux prodiges se font par les mérites et par l'intercession de saint Hubert, en faveur des fidèles qui vont implorer son secours avec confiance dans le sanctuaire qui lui est consacré, en se dévouant à son service. C'est ainsi qu'après une neuvaine et sans plus long délai, les possédés y trouvent une entière délivrance, les malheureux infectés du venin de la rage ou mordus par des chiens enragés obtiennent leur guérison, les frénétiques de toutes sortes sont rendus à la santé ; enfin le Seigneur daigne y faire éclater sa puissance par un grand nombre d'autres miracles opérés par la vertu de son serviteur [1]. »

Pourtant, quoique d'aussi grandes autorités doivent inspirer confiance aux fidèles, et quoique un vieux proverbe juridique dise *donner et retenir ne vaut*, l'Église, en tant qu'Église, ne s'est pas prononcée sur les miracles attribués à saint Hubert. Le cardinal archevêque de Malines,

---

1. Cité dans Hallet, p. 97.

Mgr Dechamps (mort en 1883), lorsqu'il n'était encore que simple prêtre, a écrit, sur la question qui nous occupe, un livre dont le titre seul, *la Sainte-Étole vengée*, indique la nature et l'esprit. Cependant il y déclare formellement que si l'Église approuve et encourage le culte de saint Hubert, elle n'impose à aucun fidèle l'obligation de croire à son efficacité : « Ce sont là, écrit-il, des croyances libres et non des dogmes de foi¹. » Et M. l'abbé Bertrand dit de son côté :

Les guérisons obtenues à Saint-Hubert au moyen de la Sainte-Étole sont des guérisons surnaturelles. Nous n'en faisons pas un article de foi, mais nous avons de très fortes raisons de le croire prudemment et pieusement. Nous ne disons pas que ce sont des miracles de premier ordre, mais nous y reconnaissons des grâces singulières, des bienfaits signalés, des phénomènes surnaturels, où se montre une intervention particulière et sensible de la Providence, une influence de la Toute-puissance divine et une conduite extraordinaire de l'Auteur de la nature, qui se plaît ainsi à honorer et à récompenser tout à la fois les vertus de saint Hubert et à bénir ceux qui se confient à son intercession².

Et ailleurs encore dans ce passage où l'auteur *donne et retient* tout à la fois :

Nous avons aussi l'autorité de l'Église qui a donné son approbation à la pratique de la Taille et de la Neuvaine de saint Hubert, non en ce sens que l'Église l'ait défini comme un dogme et qu'elle fasse un devoir aux fidèles d'y recourir; elle approuve seulement la piété de ceux qui recourent à Jésus-Christ par l'intercession de saint Hubert en vénérant ses reliques par la Taille et la Neuvaine³.

Telle est aujourd'hui l'opinion de l'Église en cette ques-

---

1. Œuvres complètes de S. E. le cardinal Dechamps, t. VIII (la Sainte-Étole vengée), p. 350, cité dans Demarteau, dissert. de 1882, p. 51.
2. Bertrand, p. 171.
3. Bertrand, p. 157. Voir aussi Hallet, p. 58 et 72.

tion, de l'Église belge pourrait-on dire, car le pèlerinage de Saint-Hubert où l'on venait autrefois de si loin, est aujourd'hui à peu près limité à la Belgique et aux pays voisins[1], et ce culte n'est plus blâmé ni condamné par aucun théologien. Mais il n'en a pas été toujours ainsi et les théolo-

---

[1]. Le pieux journal de Paris, le *Pèlerin*, a pourtant, à plusieurs reprises, fait de la propagande en faveur du pèlerinage de Saint-Hubert. Voir notamment ses n°s du 1er et 8 novembre 1879, du 2 avril 1881, et son *Almanach* de 1880. Cette propagande a provoqué plusieurs voyages de personnes mordues, si nous en jugeons par le passage suivant (n° du 8 novembre 1879, p. 719) :

« Il y a quelques mois, un homme de bonnes œuvres de Brest écrivait au *Pèlerin* : « Un de nos pauvres ouvriers, père de famille, vient d'être « mordu à la jambe par un chien enragé, nous sommes dans une immense « inquiétude; vous nous avez dit que le salut serait pour lui au tombeau « de saint Hubert : mais que faire ? car il n'a aucun moyen d'accomplir un « aussi long voyage.

« Nous répondîmes aussitôt par télégraphe : « Faites-le partir sans « hésiter, Dieu pourvoira à la dépense. »

« L'homme d'œuvre n'hésita point : il prit sa bourse, la confia au voyageur et lui dit : « Allez au plus vite à Saint-Hubert. Dieu pourvoira « pour le remboursement. »

« Le malade souffrait alors ; il souffrit pendant le voyage et il craignait que, le temps d'incubation achevé, le mal ne se déclarât avec ses crises redoutables.

« En arrivant, il alla trouver de suite M. Thill, l'aumônier de Saint-Hubert, reçut le *répit* avec les prières ordinaires. M. l'aumônier l'engagea à prier lui-même et jugea que la cicatrice n'était pas assez profonde pour lui imposer la *taille*, qu'on réserve à ceux qui sont mordus avec blessure plus grave.

« Le soir même, Pérès se mit en route et revint; non seulement le malaise inquiétant avait cessé, mais la plaie se ferma tout à fait.

« Il a repris son service, nul accident ne s'est manifesté, et l'on nous écrivait bientôt : « ... Il devra une grande reconnaissance au *Pèlerin*, « d'abord pour l'aide que vous voulez bien lui donner, et aussi parce que « c'est au *Pèlerin* que nous devons de connaître le pèlerinage de Saint-« Hubert... »

Du moment que l'aumônier a jugé utile de ne donner que le *répit*, c'est que la blessure n'était pas « à sang ». L'homme n'était donc malade que de la peur. Le *Pèlerin* aurait pu mieux choisir son exemple.

giens français des siècles passés n'ont pas été indulgents pour le saint belge de la rage.

Au xve siècle, nous trouvons le célèbre docteur Gerson, curé de Saint-Jean en Grève, chanoine de Notre-Dame et chancelier de l'Université de Paris. Il ne parle de saint Hubert qu'incidemment et comme exemple de vaine observance, mais il nous paraît intéressant de citer le passage tout entier. On y verra la condamnation, par un de nos plus grands théologiens, de pratiques qui, dans l'Église même, ont été souvent désapprouvées, mais qui pourtant se sont maintenues et souvent avec une telle force qu'on aurait pu les croire des cérémonies essentielles de la religion catholique. Ce serait une erreur au point de vue historique, de regarder la religion comme formée par l'enseignement de ses docteurs et de ses ministres et limitée à cela seul. Il y a les croyances populaires qui font irruption dans l'Église, qui s'imposent à elle, qui, aux rites sacrés mêlent leurs propres rites traditionnels et les fantaisies d'une dévotion matérialiste et fétichiste. Tout cela se pénètre si bien qu'il devient difficile de distinguer la religion de la superstition, tant la première est embarrassée de pratiques grossières, tant la seconde, par la force de la tradition et de la foi qu'elle inspire, arrive à être considérée comme l'essence de la pratique religieuse. Les théologiens augmentent cette confusion. Ce qui pour les uns est une « vaine observance » est pour les autres, pour le plus grand nombre « une pieuse pratique » qu'ils n'approuvent pas absolument, mais qu'ils ne condamnent pas, et qu'ils purifient théoriquement par une direction d'intention. Cette direction d'intention, le peuple ne la comprendrait guère, lui dont les idées sont restées en grande partie fétichistes, et dont les conceptions religieuses ont une forme matérialiste. Le culte des images, des objets matériels et des saints locaux, a toujours (dans l'Église catholique) reposé sur une équivoque; car le peuple croit différemment que les docteurs, et ceux-ci légitiment ce culte par des distinctions scolastiques que le peuple serait incapable de saisir. Les théologiens disent bien que l'effet obtenu par telle ou telle pratique de dévotion résulte, non pas *ex opere operato*, c'est-à-dire de l'acte matériel, mais bien *ex opere operantis*, c'est-à-dire de la foi, de la contrition et des dispositions morales de celui qui prie et demande une grâce au ciel. Mais fera-t-on comprendre cette distinction aux âmes simples et souvent grossières, qui forment la masse populaire ? Pour celles-là, il n'y a que l'*opus operatum*, l'acte matériel, et l'incantation qu'il exprime.

En somme, la religion catholique (nous parlons au point de vue historique, au point de vue de la vie morale et intellectuelle du moyen âge, au point de vue des croyances populaires des campagnes de notre temps et de ces couches profondes de nos sociétés modernes qui gardent le genre de foi matérialiste du moyen âge), la religion catholique, à ce point de vue, a été un compromis entre le christianisme théorique (c'est-à-dire la religion enseignée dans le catéchisme et prêchée dans la chaire), et les traditions, les pratiques, les croyances et l'état mental de la foule. Et peut-être pour la plupart y avait-il plus de ceci que de cela.

Voyons maintenant comment un théologien philosophe va distinguer la superstition de la religion et réduire au minimum l'emploi des symboles matériels nécessaires pour faire comprendre à l'homme les choses surnaturelles. Nous prenons le traité de Gerson. *De directione seu rectitudine cordis* :

Voyons d'abord quelle doit être la direction du cœur dans l'adoration des images dont l'abus paraît être très grand chez les laïques et les hommes du siècle, et même aussi quelquefois chez les clercs et les religieux qui adorent une image plutôt qu'une autre, et cela seulement parce qu'elle est plus agréable, ou plus belle ou plus ornée; et ils parlent à cette image, comme si elle comprenait. Il faut veiller à la direction du but et la faire souvent pénétrer dans l'esprit, et la rappeler par la prédication dans les cas de ce genre et dans beaucoup d'autres [1]...

Passons maintenant à d'autres cultes de saints qui paraissent avoir beaucoup de superstition ; ainsi quand on leur fait une neuvaine, et non une semaine ou une *quintaine*; quand on leur fait telle ou telle offrande, par exemple à saint Christophe ou à saint Jean-Baptiste un coq pour les garçons, et une poule pour les filles; quand à saint Hubert on fait pour la morsure d'un chien enragé d'innombrables pratiques particulières qui ne paraissent avoir aucune raison d'être [2]. Et de pareils rites passent en une superstition qui n'est rien qu'une vaine religion. Nous disons vaine parce qu'elle manque de raison et d'effet. Il en est de même de ceci que saint Antoine a, dit-on, plus de pouvoir que les autres saints à guérir le feu sacré [3]. Il en est de même encore de croire que dans une église consacrée à la Très Sainte Vierge, son pouvoir est plus grand que dans une autre pour faire des miracles, pour secourir ceux qui l'invoquent, et cela surtout à cause de telle de ses images ou à cause de tel pèlerinage traditionnel. Il en est de même encore dans des cas innombrables.

Il faut considérer que très peu de personnes sont en état de s'élever jusqu'aux choses divines si ce n'est par l'intermédiaire des choses matérielles. Un grand nombre ne peut avoir facilement confiance en Dieu et dans les saints que par une pratique particulière qui s'adresse souvent à ses sens ou à son imagination. Une semblable imagination, forte et confiante dans le secours divin, est permise et méritoire, quoiqu'elle se dirige par des objets intermédiaires ou des applications matérielles, et par des actes étrangers qui émeuvent, aident et fortifient l'imagination vers l'espérance, vers la confiance à obtenir le salut, comme les médecins aussi disent qu'une imagination forte peut donner le mal ou la guérison [4].

---

1. Directio finalis consulenda et sæpius inculcanda, atque prædicanda talibus in his et in pluribus aliis, etc.

2. Quod ad sanctum Hubertum pro morsu canis rabidi fiant innumeræ particulares observantiæ, quæ nullam videntur habere rationem institutionis.

3. C'est une maladie de peau qu'on appelait souvent aussi le Feu Saint-Antoine, ou encore le Mal des Ardents.

4. Gersonii *Opera*, Ed. du Pin (Anvers, 1706), t. III, col. 471-472.

Il nous faut maintenant du xve siècle passer au xviie, époque où la Sorbonne, c'est-à-dire la Faculté de Théologie de Paris, fut consultée sur l'efficacité de la neuvaine de Saint-Hubert.

Jacques de Sainte-Beuve (mort en 1677) « docteur de la maison et société de Sorbonne, professeur du roy en théologie, » dans son grand ouvrage, *Résolutions de plusieurs cas de conscience touchant la morale et la discipline de l'Église*. (Paris, 1692), intitule son CXIIIe cas : *Pratique superstitieuse pour se préserver de la rage*[1]. De Sainte-Beuve reproduit la formule de la neuvaine, avec le certificat qui la terminait dans l'exemplaire qui lui fut soumis : « Le soussigné, Religieux, certifie avoir taillé Jacques Lypos de Fresne, proche Péronne, évêché de Noyon, le vingt-trois janvier 1671.   D. Alexis Colart, trésorier. »

De Sainte-Beuve fait suivre ce document de la consultation suivante :

Messieurs les docteurs sont suppliés de donner leur avis sur cette pratique, et si elle peut être tolérée, ou si elle ne doit pas être retranchée.

Les docteurs en théologie soussignez, déclarent avoir plusieurs fois répondu : que cette pratique est blamable et superstitieuse, qu'elle ne peut être tolérée, mais qu'elle doit être retranchée, laquelle réponse a été faite après avoir vu l'avis des docteurs de la Faculté de médecine de Paris, parmi lesquels étaient MM. Brayer et Dodart, qui l'ont condamnée en ce qui regarde le coucher, la nourriture et autres choses qui appartiennent à leur profession ; comme les soussignez l'ont condamnée en ce qui regarde les neuf confessions et communions en neuf jours consécutifs ; le déliement du bandeau par un prêtre ; l'obligation de faire la fête de saint Hubert ; le pouvoir de donner répit de quarante jours, *le tout étant superstitieux*. En foi de quoi ils ont signé ce jourd'huy 10 juin 1671.

Il n'est point question ici de l'invocation à saint Hubert (la consultation est muette sur ce point) mais seulement

---

[1]. *Op. cit.*, t. II, p. 627.

de la neuvaine. Néanmoins, venant d'une autorité aussi grande que celle de la Sorbonne, cette consultation fit du bruit, et les religieux, atteints dans leurs plus chers intérêts, jugèrent nécessaire de se défendre et de répondre. Leur saint étant une gloire locale, ils ne pouvaient manquer d'avoir pour eux les théologiens et les autorités ecclésiastiques de leur pays. A cet effet, ils s'adressèrent aux docteurs de Louvain. Les docteurs en théologie garantirent la vertu surnaturelle de l'ancien usage; leur opinion fut approuvée par un « jugement des examinateurs synodaux de l'évêché de Liège, » et ce jugement fut confirmé par un « jugement de l'évêque de Liège », déclarant que « ladite neuvaine se peut observer et pratiquer en toute sûreté et sans aucune superstition. » Après cela, les docteurs en médecine déclarèrent que les articles de la neuvaine « ne sont aucunement superstitieux, ains (mais) conformes aux règles et principes de la médecine. »

La polémique théologique n'était pourtant pas terminée, et l'autorité de la Sorbonne encourageait les théologiens rigoristes.

Le curé Thiers (mort en 1703), docteur en théologie, qui fut d'abord professeur au collège de Plessis, puis curé de Champrond dans le pays chartrain, et ensuite de Vibraye dans le Maine, était un grand ennemi des « vaines observances » et ses écrits montrent une solide érudition en matière de discipline ecclésiastique. Dans son *Traité des superstitions* publié avec une « Approbation des Docteurs en théologie de la Faculté de Paris », le curé Thiers (t. I, liv. VI, ch. IV) s'occupe des pèlerinages qui se font au monastère de Saint-Hubert dans la forêt des Ardennes pour y recevoir la taille. Il condamne d'abord le répit donné, soit par les chevaliers de Saint-Hubert (on verra plus loin ce que ce mot signifie), soit par les personnes taillées.

---

1. Tous ces documents qui sont datés de 1690 et 1691, sont reproduits par M. l'abbé Hallet, p. 91 et suiv.

Mais qu'en cette considération, les parents de saint Hubert et ceux qui ont été taillez de son étole, guérissent les malades du même mal pour lequel il est réclamé, ou leur donnent répit ou relâche, comme l'on parle d'ordinaire, et empêchent quelque temps qu'ils ne deviennent enragés, c'est sur quoi l'Église ne s'est point encore expliquée jusqu'à présent dans ses Conciles. Quand elle aura prononcé sur ce fait, et qu'elle aura approuvé authentiquement ces personnes-là, et toutes les choses qu'elles pratiquent pour procurer aux malades la guérison de leurs maux, on pourra sans craindre de tomber dans la superstition leur donner quelque confiance, et ajouter foi à leurs bénédictions, à leurs oraisons, et à tout ce qu'ils prescrivent. Mais tant qu'elle ne se déclarera point en leur faveur, je pense qu'on doit plutôt avoir recours aux remèdes que l'Église et la médecine nous présentent, que de se servir de leur ministère[1].

Le curé Thiers fait ensuite deux observations, dont l'une repose sur le cas d'un de ses paroissiens.

La première, que ce n'est pas un remède fort sûr pour la rage, que d'être taillé de l'étole de saint Hubert, quoi qu'en dise le placard des Quêteurs de la Confrérie de Saint-Hubert en ces mots...

En 1687, au mois de mars, j'assistai à la mort un de mes paroissiens de Champrond nommé Damien Montandouin, qui aiant été mordu d'un chien enragé, mourut de la rage, ou comme parlent les médecins, de l'hydrophobie. Cependant il avoit fait le voiage de Saint-Hubert, il avoit observé fort exactement tout ce qui est prescrit pour la neuvaine de saint Hubert : enfin il avoit été taillé de l'Étole de ce saint Evêque, ainsi qu'il me l'assura lui-même, et que je le reconnus tant par la cicatrice encore toute fraîche qu'il avait au front, que par l'attestation authentique de D. Luc Crahea, trésorier de l'abbaye de Saint-Hubert, qui l'avoit taillé. Cette attestation m'est demeurée entre les mains et je la rapporterai tout à l'heure.

La deuxième chose qui est à remarquer, c'est que la plupart des pratiques que l'on fait observer à ceux qui sont taillez de l'É-

---

1. T. I, liv. VI, ch. IV. (Ed. de 1712, t. I, p. 512 ; éd. de 1777, t. I. p. 443.)

tole de saint Hubert, sont superstitieuses. Elles sont spécifiées dans la feuille qu'on donne aux Pèlerins, et qui contient ce qui suit.

[Suivent les prescriptions de la neuvaine, qui diffèrent peu du texte moderne donné plus haut. Le premier article est pourtant beaucoup plus strict. *Elle doit se confesser et communier neuf jours consécutifs.* Le tout se termine par le certificat suivant :]

Je soussigné, religieux de Saint-Hubert, certifie d'avoir taillé Damien Montandouin, demeurant à Champrond, évêché de Chartres.

Fait à Saint-Hubert ce 10 février 1687.

D. Luc Crahea,
Trésorier de Saint-Hubert.

Nous pourrions encore allonger ce dossier, par exemple avec la dissertation ou lettre de Germain Gillot, docteur de Sorbonne et chanoine de la métropole de Reims, qui déclara superstitieuse, lui aussi, la pratique de la neuvaine[1]. Le R. P. Le Brun, prêtre de l'Oratoire (mort en 1729) condamnait aussi la neuvaine et le répit donné par les personnes taillées, mais il ne paraît pas condamner la taille. Son chapitre est intitulé : *Comment on doit recourir à saint Hubert sans superstition.* Il mérite d'être cité :

La conséquence que l'on doit tirer de cette résolution [celle des docteurs en théologie de la Sorbonne], c'est qu'il faut désabuser le Peuple de ces usages, et faire en sorte, s'il se peut, qu'on ne voie plus de personnes courir les villes et les villages, pour toucher ceux qui ont été mordus, et leur donner *Répi*, comme on le fait si communément dans toute la Picardie. Il faut qu'on se réduise à implorer l'intercession de saint Hubert, avec soumission à la volonté de Dieu. On approuvera toujours qu'on recoure dévotement aux Reliques de saint Hubert, qu'on reçoive même un petit brin de l'Étole de ce saint, dans l'espérance d'être préservé de la

---

1. Elle est réimprimée dans P. Le Brun, *Histoire critique des pratiques superstitieuses*, 2e éd. (Paris, 1742), t. II, p. 24-56. Le P. Le Brun a réimprimé, à la suite (p. 58-99), une réponse par un religieux du monastère de Saint-Hubert.

rage. On sait que Dieu relève la gloire de ses saints par les miracles que leurs reliques produisent. Les mouchoirs et les ceintures, ou les autres linges qui avoient touché le corps de saint Paul, guérissoient les malades et faisoient sortir les esprits malins du corps des possédés. On a vu dans tous les siècles de semblables effets des reliques des Saints ; et l'on voit encore tous les jours à Riom en Auvergne, ce que Grégoire de Tours avoit appris et vu même, que les Energumènes étoient délivrez, que ceux qui sont piquez par des serpents sont infailliblement guéris, dès qu'on leur fait toucher la dent de saint Amable. La cérémonie se fait au son de cloche, pour avertir le peuple de se rendre à l'Église, où l'on fait quelques prières, sans aucune observation superstitieuse et sans employer aucun remède [1].

On voit que les théologiens hostiles ne motivaient pas tous de même leur condamnation. Le curé Thiers et, semble-t-il, Gerson condamnaient à la fois le pèlerinage à Saint-Hubert et la taille. Les docteurs de la Sorbonne, de Sainte-Beuve, et après eux le P. Le Brun, paraissent n'avoir condamné que la neuvaine. Ils ne disent pas leurs motifs : peut-être était-ce sous une influence janséniste, et les neuf communions pendant neuf jours consécutifs leur paraissaient-elles un excès et un abus (cet article de la neuvaine a été modifié depuis et on n'exige plus que le maintien de l'état de grâce); peut-être les pratiques d'ordre naturel leur déplaisaient-elles justement parce qu'elles étaient d'ordre naturel et semblaient concourir à une guérison qu'on devait demander seulement à une intercession surnaturelle. On voit en effet que le P. Le Brun ne trouve rien à redire à ce qui se fait à Riom (toucher avec la dent de saint Amable les personnes piquées des serpents) parce que cela se pratique « sans aucune observation superstitieuse et sans employer aucun remède. »

1. P. Le Brun, *op. cit.*, t. II, p. 12-13.

§ 6. — LE POINT DE VUE HUMAIN

Le lecteur n'attend pas de nous que nous fassions la statistique des guéris et des non-guéris parmi ceux qui ont obtenu la taille ou le répit. Nous n'en avons pas les éléments. Nous pouvons seulement remarquer, à propos de la mort du paroissien de Champrond, mort de la rage quoiqu'il eût été taillé selon les règles et, qu'il eût accompli les prescriptions de la neuvaine, que s'il n'avait pas eu pour curé justement un théologien qui écrivait sur les « vaines observances », sa mort eût passé inaperçue et n'eût affaibli en rien la foi en saint Hubert. Quand un malade va chercher la santé près d'un sanctuaire célèbre et qu'il ne l'obtient pas, on explique le fait en disant qu'il n'était pas « en état de grâce » ou qu'il n'a pas suivi exactement le régime sacré. Et s'il meurt au lieu même du pèlerinage, oh! alors, cette mort inattendue est regardée comme la plus grande des grâces! Comme on l'a plus d'une fois dit : « Le ciel sait bien mieux que nous ce qu'il nous faut. »

Combien sont morts malgré la taille, une fois rentrés chez eux, comme le paroissien du curé Thiers? Ce sont choses qu'on ne peut savoir..... Involontairement, nous nous rappelons les réflexions d'un esprit-fort de la Grèce, Diagoras. « Diagoras, « l'athée » comme on l'avait surnommé, était venu à Samothrace. Un de ses amis lui dit : Eh bien! toi qui crois que les dieux ne s'occupent pas des choses humaines, ne vois-tu pas par tous ces tableaux, par tous ces ex-voto, combien d'hommes ont dû à leurs vœux d'échapper à la tempête et d'arriver sains et saufs au port? — Oui bien! répondit-il; mais on n'a pas mis en peinture ceux qui ont fait naufrage et qui ont trouvé la mort dans la mer[1]! »

1. Cicéron. *De natura deorum*. III. 37.

Nous nous bornons donc à citer ce que disent les anciens aumôniers de Saint-Hubert, MM. Bertrand et Hallet, dans les livres que nous avons cités. « Depuis dix ans, écrivait en 1845 le curé-doyen de Saint-Hubert, dix personnes seulement sont mortes après avoir été taillées, parce qu'elles n'ont pas observé la neuvaine et n'avaient pas de confiance en saint Hubert, comme l'ont attesté leurs propres parents et curés respectifs[1]. » Ainsi, c'est leur faute; mais si elles n'avaient pas eu confiance en saint Hubert, pourquoi seraient-elles venues se faire tailler? Et M. Hallet cite de son côté l'histoire suivante, comme exemple des funestes effets du manquement à la neuvaine :

Qui n'a entendu parler, il y a quelques années, d'un infortuné jeune homme, dont le triste sort a eu un si grand retentissement ? Après avoir fait le pèlerinage de Saint-Hubert et subi l'opération de la taille, il s'avisa, avant l'expiration de la neuvaine, de prendre part à un bal qui se donnait à l'occasion de la kermesse du village, et c'est dans la salle même où le bal avait lieu, que la rage le surprit, en présence d'un grand nombre de personnes qui, saisies de frayeur, s'empressèrent de faire le voyage de Saint-Hubert, à l'effet de s'assurer contre la terrible maladie, en implorant le répit de 99 ans.

Ce qui rend ce fait plus frappant, c'est qu'un autre jeune homme de la même localité, mordu dans le même temps, par le même animal, et taillé le même jour que celui dont nous venons de parler, ayant accompli fidèlement les prescriptions de la neuvaine, n'éprouva aucun dommage de l'accident dont il avait été victime.

Quant aux répits donnés par les personnes taillées, ou à l'usage « des objets bénits en l'honneur du grand saint », s'ils ne sont pas toujours efficaces pour la santé du corps, ils le sont au moins pour la santé de l'âme. On peut en effet, par ces moyens, obtenir « quelque intervalle de calme, de repos et de lucidité pour se confesser et mourir paisiblement. »

1. Bertrand, p. 162, et Hallet, p. 66.

Entre autres exemples cités par M. l'abbé Hallet, nous citons le plus court :

L'expérience constate que les personnes qui ont été taillées ou qui portent sur elles une parcelle de la Sainte-Étole, peuvent calmer, du moins pour un temps, les accès de fureur causés par la rage. Voici à ce sujet un fait arrivé il y a environ cinquante ans et qu'un témoin oculaire, médecin et bourgmestre de la ville de Saint-Hubert, m'a raconté :

Une femme atteinte de la rage fut transportée à Saint-Hubert. Les accès de la fièvre furent tellement violents, que six hommes avaient de la peine à maintenir la pauvre malade au lit. On fit venir un homme portant au front un fragment de la Sainte-Étole. Il commanda à la malade au nom du *grand saint Hubert* d'être tranquille. L'accès de la fureur s'apaisa incontinent pour reprendre ensuite avec intensité. Un nouvel ordre fut donné au nom du grand saint Hubert et l'accès de la rage cessa de nouveau et ne reparut plus. La femme put recevoir les sacrements des mourants et décéda peu après dans un calme qui étonna les assistants. Procès-verbal fut dressé et signé par tous les témoins[1].

Quant à l'efficacité de la taille, on l'établit, après les motifs d'ordre surnaturel, par le récit d'événements où sur un certain nombre de personnes mordues par le même animal, les unes se font tailler, les autres non. Les premières qui ont « la foi des miracles » guérissent; les autres meurent.

M. l'abbé Hallet donne, page 61, trois cas de ce genre : il en donne deux d'après le livre du R. P. Dechamps (plus tard Mgr Dechamps, archevêque de Malines), *la Sainte-Étole vengée*. Il s'agit de cas où plusieurs personnes sont mordues à la fois par le même animal. Les unes vont à Saint-Hubert demander la taille ou le répit et guérissent; les autres ne font rien, ou se soignent par les procédés humains; ils meurent.

Deux des cas cités ici se sont passés en Belgique; nous ne nous en occupons pas, c'est affaire aux Belges de con-

1. Hallet, p. 154.

trôler l'exactitude du récit. Mais un autre s'est passé en France, et nous avons eu la curiosité de faire une enquête sur l'exactitude des faits.

Voici d'abord, dans les paroles même de M. l'abbé Hallet, la version de Saint-Hubert.

Nous pourrions citer un grand nombre de faits analogues à ceux que l'auteur du *Cantatorium* rapporte ici. Nous nous bornerons aux trois suivants.

Le premier fait se trouve consigné dans le registre des personnes taillées, conservé à la Trésorerie de l'église de Saint-Hubert. Il est arrivé en 1812, à Bar-le-Duc (France), où trente-trois personnes furent mordues par un loup enragé. De ces trente-trois personnes trois seulement firent le pèlerinage de Saint-Hubert, et furent guéries. Les trente autres moururent dans la rage.

Le nommé Victor Raulx de Villotte, département de la Meuse, arrondissement de Commercy, un des trois guéris susmentionnés, fit en 1841 de nouveau le pèlerinage en actions de grâces, et pour l'honneur du glorieux saint Hubert, signa l'attestation de sa guérison, le 11 du mois d'août de l'année susdite. (*La Sainte-Étole vengée*, p. 171. Lettre de M. le curé-doyen de Saint-Hubert au R. P. Dechamps.)

Voyons maintenant la version de Bar-le-Duc.

On parle peu des loups aujourd'hui, car l'espèce en est à peu près perdue en France, et ses rares survivants vivent cachés au fond des bois ; à peine la faim les en fait-elle sortir l'hiver. Mais dans les derniers siècles encore, ils étaient nombreux en France, et ils y faisaient presque autant de ravages que les tigres en font aujourd'hui dans l'Inde. C'est comme la survivance, très atténuée, des siècles éloignés où l'homme, presque sans armes, devait « lutter pour l'existence » avec des animaux plus carnivores et plus forts que lui. Quelques-uns même de ces loups, plus grands, plus forts, plus hardis, jetaient une telle consternation dans le pays, que l'imagination populaire en faisait des monstres, des bêtes fantastiques que les balles ne pouvaient blesser : tel est le cas de la fameuse « bête du Gévaudan », qui en

1765 ravagea le Gévaudan et la partie limitrophe de l'Auvergne. De même à la fin du siècle dernier, dans le Barrois, on parla quelque temps de la « bête de Lauzières » qu'on estimait « moitié plus forte que celle du Gévaudan »[1].

Les loups avaient souvent la hardiesse de pénétrer la nuit dans les villes : tel est le cas de celui qui ravagea Bar-sur-Ornain (aujourd'hui Bar-le-Duc) dans la nuit du 16 au 17 octobre 1812, de trois heures du matin au jour. — On peut juger du grand nombre de loups en ce temps par l'entrefilet suivant du *Narrateur de la Meuse* (journal de Commercy) dans son n° du 23 décembre 1812 : « Depuis l'irruption faite par un loup dans la ville chef-lieu de la Meuse, à la fin d'octobre, jusqu'aux dernières neiges exclusivement, on a tué dans notre département 79 de ces animaux féroces. Le nombre de ceux détruits depuis huit ou dix jours est considérable; la neige favorisait les battues. » — Déjà au mois de juillet 1765, un loup furieux avait rôdé autour de la ville de Bar, mordu vingt à vingt-cinq personnes et dévoré plusieurs enfants [2].

Dans son n° du 23 octobre 1812, le *Narrateur de la Meuse* annonçait ainsi la catastrophe du 17 :

Nous sommes informés que, dans la nuit du 16 au 17 du courant, des loups se sont introduits dans la ville de Bar, où ils ont exercé de cruels ravages. Nombre de personnes qui étaient sur pied, occupées de travaux relatifs aux vendanges, ont été mutilées. Ces animaux féroces ont parcouru une grande partie des rues de la ville, depuis trois heures du matin jusqu'au jour. L'un d'eux, poursuivi avec courage et agilité, a été tué tant à coups de fusil que de hache

---

1. « Le nommé Robert, chasseur de confiance de M. le comte d'Ambly, atteste sur son honneur et par écrit avoir fait faux feu sur elle, arrêtée en plaine à dix pas, et qu'elle est haute comme un baudet; ceux qui l'ont tiré sous bois, l'assurent grosse comme un cheval… » *Pari d'un veneur patriote*, feuille volante de 4 p., imprimée à Saint-Mihiel en décembre 1786. (Communiqué par M. L. Maxe-Werly.)

2. On peut lire plusieurs histoires de ce genre dans les observations rapportées par Andry.

dans la rue de Véel, à la sortie de Bar, route de cette ville à Paris. Les vainqueurs l'ont promené en triomphe dans la ville; il a été ouvert et examiné par les officiers de santé, qui ont reconnu qu'il n'était point gâté. Ce rapport satisfaisant a été publié par M. le Maire pour la tranquillité des personnes blessées... Le loup tué à Bar même était fort long, poil roux, grosses pattes et haut monté.

Malheureusement les prévisions tirées de l'autopsie du loup par les médecins ne se réalisèrent pas. Le septième jour une de ses victimes mourut de la rage, le loup était donc enragé !

Interrogeons maintenant la *Relation historique et médicale des accidents causés par un loup enragé dans la ville de Bar-sur-Ornain*, par H. Champion, chirurgien en chef du dépôt de mendicité de la Meuse, etc., présentée et lue à l'Institut de France le 6 septembre 1813, » et d'autres documents locaux [1]. En somme, il n'y avait qu'un loup : c'est la rapidité de sa course et l'alarme générale qui firent croire à une invasion de plusieurs loups. Dix-neuf personnes avaient été grièvement blessées : sur ce nombre onze périrent dans les convulsions de la rage à des intervalles de sept à soixante-douze jours. « Le ministre de l'intérieur mit à la disposition du préfet une somme de 3,000 fr. à titre d'indemnité à répartir entre les victimes et leurs familles, d'après un état rédigé en mairie le 19 octobre 1812, lequel indiquait les noms des blessés, leurs professions, la nature de leurs blessures et leur situation de fortune [2].

---

[1]. Paris, 1813, 43 p. in-8. (Extrait du *Journal de Médecine, chirurgie et pharmacie*, etc., par MM. Corvisart, Leroux et Boyer.) — Un journal de Bar-le-Duc, l'*Indépendance de l'Est*, dans son n° du 17 octobre 1880, sous la rubrique : « Ephémérides barisiennes », a publié un récit circonstancié de la catastrophe, en partie d'après la *Relation* du Dr Champion, en partie d'après d'anciens documents.

Nous devons la communication de tous ces documents locaux à l'obligeante érudition de M. Maxe-Werly, qui est l'histoire personnifiée du Barrois.

[2]. L'*Indépendance de l'Est* (loc. cit.) reproduit ce tableau, en disant après le nom de chaque blessé s'il a survécu ou s'il est mort.

Le Dr Champion a décrit les souffrances de ces malheureux[1] et saint Hubert figure, impuissant, dans l'agonie de l'un d'eux. On l'avait attaché. « Cependant, dans un instant de calme, il remercia son père de cette précaution, en lui avouant qu'il s'était proposé de mordre sa mère, une de ses sœurs et l'un de ses anciens camarades. Dans un autre moment où une crise allait lui prendre, il jeta au loin une bague, dite de Saint-Hubert, qu'il portait à son doigt, et qui devait le préserver d'accidents, jurant contre le pouvoir du saint et en blasphémant le nom[2]. » La garantie du saint ayant été illusoire, le malheureux qui se sentait mourir avait plus que le droit de se plaindre : *en promissa fides!*

Parmi les survivants, deux seuls « virent périr leurs compagnons d'infortune, de sang-froid et sans craindre pour leur compte particulier; il n'en fut pas de même des autres, et il me serait bien difficile de retracer ici le trouble de leur esprit, et les agitations auxquelles ils furent en proie… L'un était affecté d'une diarrhée opiniâtre, l'autre d'un désordre manifeste des fonctions de l'entendement, etc. » Les tentatives pour les calmer furent vaines. « Dans cette occurrence, nous jugeâmes convenable de leur faire faire le voyage de Saint-Hubert dans les Ardennes, où leur inclination les portait. » (La mésaventure de la bague d'un de leurs compagnons d'infortune n'avait, comme on voit, en rien diminué leur confiance. Quant la foi est forte, les témoignages contraires sont comme n'existant pas). « Ce pèlerinage réussit au-delà de nos espérances : ceux de nos malades qui l'entreprirent, soutenus par la foi, eurent à peine été soumis au cérémonial, après avoir satisfait aux épreuves religieuses, que leur anxiété se calma, la sérénité se rétablit dans leurs âmes, et ils revinrent avec la confiance qu'ils n'avaient non seulement rien à redouter du

---

1. Le Dr Champion avait lavé et douché les blessures avec de l'urine et de la lessive tiède qui se trouvaient sous sa main, puis cautérisé avec du muriate d'antimoine, et prescrit des boissons délayantes.
2. Dr Champion, *op. cit.*, p. 24.

présent ni de l'avenir, pour ce qui les concernait, mais qu'ils étaient même en possession d'accorder un répit de quarante jours à quiconque aurait été exposé aux mêmes accidents qu'eux, etc. «. »

On voit par ce récit, fait sans l'intention de prouver aucune thèse, qu'une partie seulement de ceux qui ont survécu a fait le voyage de Saint-Hubert, et cela à un moment où le venin de la rage les aurait déjà frappés s'il avait dû le faire et où ils n'étaient plus malades que d'imagination. Ils firent ce voyage chacun de son côté quand leur état le leur permit. Quant à Victor Raulx, seul nommé dans le livre de M. l'abbé Hallet, comme ses blessures l'avaient rendu incapable de marcher², ce ne fut que *six mois après son accident* qu'il put se rendre à Saint-Hubert, accompagné de sa mère. C'est ce que son fils, M. Raulx, employé à Bar, a appris à M. Maxe-Werly. M. l'abbé Hellet a aussi commis une erreur que nous regrettons d'avoir à relever, car cette rectification diminue encore la poésie dramatique de la légende. Victor Raulx ne revint pas en 1841; c'est un de ses fils, alors séminariste et aujourd'hui curé à Vaucouleurs, qui fit ce pèlerinage pour remercier Dieu de la guérison miraculeuse de son père[3].

Par cet exemple, où nous avons pu contrôler la légende pieuse par l'histoire authentique, on peut juger de la valeur des témoignages accumulés de puis siècles pour

---

1. Dr Champion, *op. cit.*, p. 28-30.

2. Voici, d'après le Dr Champion, la description de ses blessures : « Raulx, âgé de vingt-quatre ans, le premier mordu, avait deux plaies profondes et étroites à la partie interne et postérieure du mollet de la jambe gauche, et une troisième à la partie inférieure du torse du même côté ; la guêtre de toile qui recouvrait la jambe, l'empeigne et le quartier du soulier, quoique de cuir de vache, étaient déchirés, avec perte de substance. »

3. Avant de quitter ce sujet, disons que le Dr Champion a terminé sa *relation* par la description de désordres produits par la peur chez plusieurs personnes de Bar, notamment une dame qui avait pour nourrice de son enfant la femme d'un des hommes mordus.

la plus grande gloire de Saint-Hubert d'Ardenne. Des faits grossis par la distance ou l'antiquité, mal compris par suite de l'ignorance des lois de la nature, mal interprétés par suite du manque de critique, racontés souvent avec plus de foi que de bonne foi, arrivent, avec l'aide du temps qui les enveloppe de ses reflets chatoyants, à passer pour des miracles.

Après cela, on peut juger ce que vaut l'assurance du journal le *Pèlerin*, qui, à l'occasion de la mort de deux des Russes soignés par M. Pasteur, écrivait : « Ajoutons, sans attaquer en rien la trouvaille de M. Pasteur, que le remède et les prières de saint Hubert, expérimentés sur des milliers de sujets, n'ont pas la mésaventure que vient d'avoir le naissant institut de M. Pasteur [1]. »

« Ceux qui sont tombés en hydrophobie, disait déjà Ambroise Paré, jamais ne guérissent. » Admettons cette proposition. En faut-il conclure que toute personne mordue par un chien contracte le virus de la rage ? Le chien peut être irrité, sans être enragé : sa morsure donnera-t-elle la rage ? L'animal enragé lui-même donnera-t-il toujours la rage ? « Il en est du virus rabbique (dit un écrivain qui s'est occupé de la rage) comme de tous les virus en général ; alors même qu'il est réellement inoculé, inséré sous l'épiderme, il est loin d'engendrer certainement la rage [2]. » Bien plus, l'animal réellement enragé peut ne pas mordre assez profondément, ne pas assez déchirer les chairs pour que le virus entre dans la circulation. Dans ce cas, le traitement, sacré ou profane, ne guérira que la peur ; il est vrai que dans un mal tétanique comme celui-ci, où l'imagination

---

1. Numéro du 12 avril 1886, p. 203.
2. Maygrier, *les Remèdes contre la Rage*, Paris et Lyon, 1866, p. 4. — L'auteur cite ensuite des expériences pratiquées sur des chiens mordus par d'autres chiens enragés ou supposés tels : une partie seulement aurait contracté la rage ; l'autre serait restée indemne.

joue un grand rôle, la guérison de la peur est déjà un résultat utile[1].

Mais il y a plus, et la cautérisation, surtout au fer rouge, est tellement considérée dans notre siècle comme le remède le plus efficace contre la rage, que certains pèlerins viennent à Saint-Hubert après avoir fait cautériser leur morsure. « Mais (dit M. l'abbé Bertrand) il y a des personnes qui font brûler leurs morsures avant d'aller à Saint-Hubert? Effectivement, mais c'est bien rare; j'en ai vu *deux* en l'espace de trois années, et c'étaient des personnes assez instruites, me paraît-il; oui, *assez* pour ne pas se reposer sur la cautérisation. Nous sommes loin de désapprouver la cautérisation; et à Saint-Hubert on ne blâme pas les personnes mordues d'avoir fait brûler leurs plaies ou d'avoir employé quelque autre moyen naturel, au contraire ! On ne taille pas pour prouver que la taille seule peut guérir de la rage; ce qu'on cherche, c'est le salut et la guérison des personnes[2]. »

M. l'abbé Hallet, qui écrit un quart de siècle plus tard que M. l'abbé Bertrand, est moins dédaigneux pour la cautérisation. Il a un chapitre en quelque sorte médical (p. 126 et suiv.) où il parle, d'après des ouvrages de médecine, des indices de la rage chez les animaux, et des « moyens à employer après qu'une personne a été blessée par un animal enragé ». Il dit nettement : « Nous ne pouvons donc assez conseiller de se servir, en pareil cas, des moyens indiqués par les médecins, surtout quand les blessures reçues sont graves, et que, pour l'une ou l'autre cause, le voyage à Saint-Hubert ne peut s'effectuer immédiatement. » M. l'abbé

---

1. Les chiffres de la statistique, dit un des hommes les plus compétents en matière de rage, M. Bouley, « témoignent qu'une blessure rabique n'est pas fatalement mortelle, comme beaucoup sont trop portés à le croire; qu'au contraire, dans plus de la moitié des cas, elle ne donne lieu à aucune conséquence funeste ». (*Revue Scientifique* du 7 mai 1870, p. 365.)

2. Bertrand, p. 175.

Hallet donne ensuite en détail, et, d'après M. Bouley, les procédés de cautérisation et il termine en ces termes :

Qu'on le remarque bien, quand une personne a été blessée par un animal enragé, la prudence exige qu'avant de se rendre à Saint-Hubert, elle ait recours aux remèdes prescrits par les médecins. Ceci ressort clairement des paroles déjà citées au paragraphe III section 2, que nous rappellerons ici et par lesquelles nous terminerons cet article : « Les dignes Instituteurs de la Neuvaine, y est-il dit, savants dans la connaissance des Saints Pères et des pratiques de la religion, jugèrent sagement que, pour ne pas tenter Dieu, il était nécessaire d'ajouter à l'insertion de la Sainte-Étole des moyens naturels et surnaturels pour guérir et arrêter les progrès d'un mal si terrible. »

C'est ainsi qu'à Paris on lit de temps à autre dans les journaux qu'un sergent de ville a été mordu en abattant un chien enragé ou furieux. Le journal ne manque pas d'ajouter que l'agent va faire cautériser sa blessure dans une pharmacie ; puis, qu'il se rend au laboratoire de M. Pasteur. Ce n'est pas défiance à l'égard de M. Pasteur, c'est parce qu'on ne saurait prendre trop de précautions dans des cas aussi graves.

On va toujours se faire tailler et obtenir le répit à Saint-Hubert ; mais il semble qu'on commence à y venir moins que par le passé. La Belgique est maintenant si proche de nous, et les remèdes de la médecine scientifique dispensent de plus en plus de recourir aux remèdes miraculeux. L'hôtesse de l'*Hôtel du Chemin de Fer* auquel nous demandions si l'on venait toujours beaucoup se faire tailler, nous répondit qu'on venait surtout des pays flamands, qui sont en effet bien plus croyants que le pays wallon[1]. Quant aux gens de Bruxelles, ajouta-t-elle, « ils vont maintenant au

---

1. Pendant notre passage à Saint-Hubert (juin 1886), ce sont en effet des personnes du pays flamand que nous avons vu venir se faire tailler et demander le répit. C'est *de visu* que nous avons plus haut raconté et décrit ces opérations.

Pasteur à Paris. » Cette bonne femme prenait sans doute le nom de M. Pasteur pour un nom commun ou pour le nom d'un hôpital. « Pourtant, continua-t-elle, il y en a dans le nombre qui viennent ensuite à Saint-Hubert. Ainsi récemment nous avons eu ici une dame de Bruxelles avec son fils qui venaient de se faire soigner à Paris. » Cette dame avait sans doute pensé que deux précautions valent mieux qu'une, car elle avait commencé par « aller au Pasteur à Paris. » C'est cette théorie de prudence et de probabilité qu'on appelle, croyons-nous, en théologie, le *tutiorisme*. Sans doute aussi elle avait pensé que trois précautions valent mieux que deux, et elle avait subi tout d'abord la cautésation, avec son fils. Mais, alors, à qui reviendra le mérite de la guérison? Au fer rouge du cautère ? au vaccin de M. Pasteur? à l'étole de saint Hubert ?... Et puis, le virus avait-il vraiment pénétré dans le sang? Et, enfin, ce chien était-il réellement enragé ?

Cette dame de Bruxelles était prudente autant que pieuse, et sa conduite n'est nullement à blâmer au point de vue religieux ; car c'est un cas assez fréquent que le mélange de remèdes de la médecine avec les pratiques de dévotion : l'un aide l'autre. Nous nous bornerons à quelques exemples caractéristiques :

En 1817, le 8 septembre, est venu en dévotion au sanctuaire de Myans, M. A. d'A..., chef d'escadron en France, chevalier de la Légion d'honneur et de Saint-Louis, lequel ayant été gravement blessé dans la campagne de Moscou, après avoir été abandonné des médecins, fit un vœu à la sainte Vierge pour obtenir sa guérison. Dès lors, il se trouva un peu soulagé et commença à marcher à l'aide de béquilles. Arrivé dans cet état à Aix en Savoie *pour y prendre les eaux*, il se voua de nouveau à Notre-Dame de Myans, et de suite il s'est trouvé guéri. En action de grâce, il est venu, le jour de la Nativité, rendre ses hommages de reconnaissance à la Mère de Dieu, dans le sanctuaire du Myans, et a déposé sa béquille devant l'image de la sainte Vierge : elle a été suspendue au mur du côté de l'épître...¹.

Dom Guéranger, dans son livre sur la médaille de Saint-Benoît, rapporte plusieurs faits analogues :

En la même année 1665, un homme avait une plaie au bras, si grande et si envenimée qu'elle n'avait cédé à aucun remède. On eut l'idée de placer la médaille sur le bras malade, en même temps que l'appareil destiné au pansement. Le lendemain, à la levée de l'appareil, la plaie parut saine, et, au bout de quelques jours, elle était cicatrisée².

. . . .

Mais ce qui, par-dessus tout, rend la médaille de Saint-Benoît chère aux Indiens, — il s'agit de la mission de Salem, dans le vicariat apostolique de Pondichéry, — c'est le secours puissant qu'elle leur apporte contre un des plus grands fléaux du pays, la piqûre des insectes ou la morsure des serpents. Mariannen, piqué un soir d'un *pouram*, insecte très venimeux, passa la nuit à se lamenter sous le coup de la douleur; il avait la poitrine oppressée, les côtes gonflées. Les endroits souffrants ayant été frottés le matin d'eau de Cologne pure, dans laquelle on avait plongé la médaille, il fut parfaitement guéri, *à la minute*³.

§ 7. — L'IMAGINATION ET LA RAGE ; LES ABOYEUSES DE JOSSELIN.

Les écrivains qui se sont occupés de la rage ont tous remarqué le rôle que l'imagination joue dans cette maladie. Aussi les traitements qui, soit par leur caractère religieux, soit par leur infaillibilité présumée, agissent sur l'imagination, ont-ils eu et ne peuvent-ils avoir qu'un grand succès. Ils ont le mérite de guérir la rage chez les gens qui ne l'ont

---

1. *Notre-Dame de Myans* (Diocèse de Chambéry), Chambéry, 1856, p. 36.
2. Dom Guéranger, *Essai sur l'origine, la signification et les privilèges de la médaille ou croix de Saint-Benoît*, 9ᵉ éd., 1885, p. 38.
3. Dom Guéranger, op. cit., p. 119.

point... mais qui, croyant l'avoir, éprouveraient des accidents presque aussi graves. On a cité des exemples de personnes mordues, sans suites fâcheuses, quand on leur disait que le chien n'était pas enragé. Quelques années après, on leur dit que l'animal était enragé : elles sont prises de crises tétaniques et meurent.

La façon horrible dont, presque jusqu'à notre temps, on se débarrassait des personnes atteintes de la rage, était bien propre à aggraver le désordre mental de ceux qui se sentaient ou se croyaient atteints. C'était une croyance populaire (et on la trouverait peut-être encore aujourd'hui chez quelques personnes) que lorsqu'un individu mordu arrive à la crise nerveuse dans laquelle il s'agite et se débat comme un furieux, on doit l'étouffer entre deux matelas. C'était regardé comme usage aussi naturel qu'il l'est chez certains peuples sauvages de tuer les vieillards devenus bouches inutiles, et ceux-ci ne disent rien à l'encontre : c'est l'usage. L'usage d'étouffer les enragés s'est continué presque jusqu'à notre temps, à cela près qu'on employait aussi d'autres procédés analogues pour *guérir* ces malheureux. De véritables crimes même se sont commis sous ce prétexte, pour se débarrasser de gens dont on voulait hériter, et le proverbe :

Qui veut noyer son chien, l'accuse de la rage

s'est quelquefois appliqué à des hommes.

Au XVIIe siècle, Mme de La Guette, dans ses Mémoires, a entendu parler de personnes mordues par un loup enragé, « qu'on avoit été obligé de tuer à coups de fusil »[1]. — Parmi les observations sur la rage que publie Andry s'en trouve une relative à « une pauvre fille, bergère de son état »; ses parents et ses proches « s'occupoient déjà du moyen de lui ôter la vie »; l'intervention d'un magistrat empêcha seule cet homicide. La chose se passait à Vignon, en

1. *Mémoires*, éd. Jannet, p. 199.

Berry, au siècle dernier[1]. Le curé du village écrivait qu'il s'était élevé avec force contre ce projet, mais qu'il n'était pas toujours au pouvoir des pasteurs de persuader. Ailleurs, à Pavilly, près de Rouen, on veut faire périr une personne par la saignée[2]. « J'ai vu, ajoute Andry en 1780, bien des gens de ville et au-dessus du commun, imbus de ce préjugé et d'histoires qui viennent à l'appui. Une personne grave, revêtue du sacerdoce, et d'un vrai mérite, m'a assuré, à cette occasion, avoir vu fusiller un homme qui couroit dans les environs d'une grande ville ; et que dans une autre endroit une demoiselle empoisonna elle-même son père par un bouillon, en vertu d'une espèce d'arrêté de famille, et qu'il en fit des reproches à sa fille, en la remerciant néanmoins de mettre fin à son tourment[3]. »

Nous pourrions multiplier ces témoignages : ils se rencontrent partout où il est question de la rage. Larmerye, dans son *Dictionnaire françois-breton* (1744), dit à l'article *Rage* : « C'est un crime qui mérite punition corporelle d'étouffer une personne enragée ; et on ne dit mot à un beau grand livre qui le conseille. Comment ! on n'oserait le nommer ! » Le mot de cette énigme est peut-être résolu par un autre passage du même dictionnaire au mot *suffocation* : « Ganeau répète ici qu'on fait périr les enragés par suffocation entre deux matelas. »

La souffrance des malheureux atteints de ce mal était encore accrue par d'aussi cruels usages. Voici des faits

---

1. Andry, *Recherches sur la rage*, p. 396.
2. Andry, p. 327. Ce procédé a dû être employé en plusieurs endroits. Notre ami M. E. Ernault a recueilli en Bretagne une tradition qui en témoigne :

« On dit à Trévérec (Côtes-du-Nord), qu'autrefois les médecins, pour procurer une mort douce aux malheureux mordus par des chiens enragés, leur ouvraient une veine du petit doigt de pied et leur faisaient mettre les pieds dans l'eau chaude, pour mourir au bout de leur sang. »

3. Andry, p. 408.

que Balzac emprunte aux publications de l'École Royale de Médecine :

Une jeune fille de dix-huit ans, prise de rage, ne fut sérieusement malade qu'une demi-journée, et mourut à l'Hôtel-Dieu de Paris le 8 mai 1780, faisant des prières pour qu'on ne l'étouffât point… Le 23 septembre 1781, un jeune homme attaqué de rage demanda à sa famille son curé, uniquement pour empêcher qu'on l'étouffât dans le cas où il viendrait à perdre la raison. Ce sujet fut guéri ; preuve évidente que la rage était purement imaginaire. Ainsi plusieurs de ces malades imaginaires se voient étouffés ou étranglés, ou noyés dans des ruisseaux de sang coulant de leurs quatre membres largement ouverts par une perfide lancette [1].

Balzac, qui écrivait en 1810, remarque là-dessus :

Il y a des exemples où l'avidité de succéder a fait étouffer comme enragés des individus attaqués de simples convulsions que la peur, ou la crainte, ou l'effroi leur avaient données, ou qui étaient l'effet de quelque violentes passions, de quelque transport fiévreux dont ils auraient été guéris. La simple idée qu'il a pu se commettre de pareils assassinats fait frémir. Une loi peut seule les faire cesser.

Et Balzac demande que le gouvernement adopte un « projet de loi » ainsi conçu :

Il est défendu, sous peine de mort, d'étrangler, d'étouffer, de saigner des quatre membres, ou autrement faire mourir aucun individu attaqué de rage, d'hydrophobie, ou autre maladie quelconque donnant des accès, des convulsions aux personnes, les rendant folles, furieuses, et dangereuses, de quelque manière que ce soit, sauf à l'ordre public et aux familles à prendre les précautions qu'exigent la santé publique et particulière [2].

Pour qu'un philanthrope, en 1810, crût utile de demander une loi sur la matière, il fallait que les attentats de ce genre fussent bien fréquents.

---

1. Balzac, *Histoire de la rage*, p. 20-21.
2. Balzac, p. 24.

Il n'en allait pas autrement en Angleterre. A la fin du xviiie siècle, un des *fellows* (agrégés) du collège de la Trinité, à Cambridge (un homme instruit par conséquent!), demandait aux juges de passage pour les assises s'il était permis et légal d'étouffer entre deux matelas un homme enragé. « Les juges répondent que c'est un meurtre et prient le *fellow* de le dire bien hautement; car nombre de personnes considèrent ce procédé non seulement comme légal, mais aussi comme un acte de charité vis-à-vis de l'enragé[1]. » Il y a cinquante ans, dans un procès, le juge dit aux jurés qu'un fait de ce genre était un meurtre, mais les jurés acquittèrent les prévenus, pensant que c'était un acte d'humanité d'abréger des souffrances aussi cruelles et sans espoir[2]. Il y a quarante ans, à York, un enragé fut étouffé dans son lit, parce qu'il crachait sur ceux qui s'approchaient de lui, et que l'on croyait sa salive dangereuse à ceux qu'elle touchait[3]. Le recueil anglais auquel nous empruntons ces faits en cite d'autres exemples et de notre siècle même[4].

Les convulsions et les fureurs de la rage ressemblent à celles de diverses maladies nerveuses et mentales, ces maladies qu'on expliquait par la *possession*. C'est sans doute par suite de cette confusion que la Sainte-Étole a été la relique par excellence invoquée contre la rage, puisque l'imposition de l'étole est une des formes de l'exorcisme, un des moyens de chasser le démon du corps du possédé. L'aboiement est un des accidents communs à certains enragés (sans doute sous l'influence de l'imagination), et aux personnes atteintes de certaine maladie nerveuse et mentale où l'imagination, par suite d'influence traditionnelle et locale, donne sa forme particulière à la maladie.

1. *Notes and Queries*, 5e sér., t. V (1876), p. 237.
2. *Ibid.*, 5e sér., t. IV (1875), p. 491.
3. *Ibid.*, 5e sér., t. V (1876), p. 237.
4. *Ibid.*, 5e sér., t. IV (1875), p. 167, 358 et 491. — Un de nos amis du pays de Galles nous écrit avoir entendu raconter un cas de ce genre.

Balzac (qui écrivait en 1810) donne des exemples curieux de cette influence de l'imagination dans la rage. La constriction de la gorge dans la dernière période de la maladie pouvait du reste faciliter l'illusion chez les observateurs, et faire croire que l'homme mordu était en quelque sorte *enchienné* et aboyait comme un chien.

Il n'y a pas jusqu'à la voix qui [ne] se transforme en aboiement, et on a vu des sujets enragés ayant absolument perdu la parole jeter l'effroi dans l'âme de tous les assistants, en faisant entendre pour tout langage les lugubres hurlements des chiens et des loups[1].

Et Balzac ajoute :

Sur les épouvantables effets de la rage, voy. p. 152, 2ᵉ part. du tome IIᵉ, in-4, année 1783 de *l'Hist. de la Soc. Roy. de médecine de Paris*; ibid., p. 214 et 225, on trouve les circonstances où la voix et le langage des hommes enragés se sont changés en aboiements et en hurlements de chiens et de loups. Même volume, p. 145, une dame ayant eu des accès de rage tous les sept ans, pendant plus de trente ans, commençant toujours par le bras mordu ; même page, la femme Ricard en être attaquée pendant les quatre premiers mois de onze grossesses; une domestique préservée aussi de la rage, prise d'un léger délire et avoir horreur de l'eau toutes les années au temps où elle avait été mordue d'un chien enragé, et des accès de sept jours en sept jours pendant tout ce temps.

Les *aboyeuses* de Josselin, en Bretagne, nous fournissent l'exemple parallèle d'une maladie nerveuse où certaines crises ressemblent aux fureurs de la rage. Nombre d'écrivains sur la Bretagne en parlent, et il en est aussi question dans les *Petits Bollandistes*, t. V, p. 151 ; mais nous prendrons pour guide un professeur de philosophie à la Faculté

---

1. Balzac, *Histoire de la rage*, p. 4.

des lettres de Rennes, dans un écrit publié il y a trente ans [1].

Au pèlerinage de Notre-Dame du Roncier, qui a lieu à la Pentecôte et à l'Assomption, on amène les malades, les femmes qui *tombent* (comme on dit dans le pays), car ce sont seulement des femmes.

Le commencement du voyage s'effectue paisiblement. Mais quand elle arrive *sur les terres de la sainte Vierge*, c'est-à-dire dans la paroisse de Notre-Dame du Roncier, elle s'affaisse tout à coup; elle *tombe*. Cela arrive plus tôt ou plus tard; quelquefois cette défaillance n'a lieu que sur le sol de l'église.

Alors les hommes ou les femmes qui l'accompagnent s'emparent d'elle et continuent à la faire marcher en la soutenant sous les bras. La lutte commence. La malade repousse convulsivement ses gardiens : elle cherche à leur glisser dans les mains comme une anguille. Elle se laisse tomber de tout son poids; elle lance ses pieds en avant, et dès qu'elle se trouve un point d'appui sur le sol, rejette sa tête en arrière et roidit tout son corps comme un soliveau butté en terre. Mais ce sont des Bretons qui la tiennent et qui ont mis dans leur tête de la conduire au but; ils la soulèvent, ils la traînent, ils font ployer de vive force son corps roidi. Elle avance donc. Cependant sa poitrine se gonfle, sa gorge siffle, une sorte de hoquet ou de sanglot s'en échappe; puis, tout à coup, elle jappe, elle aboie, et si bien, que les chiens lui répondent. Ou bien elle hurle à pleine poitrine.

A la porte de l'église, ces scènes pénibles redoublent de violence : l'aboyeuse fait des efforts désespérés pour n'en point franchir le seuil. Elle le franchit néanmoins. La foule s'écarte et fait place. L'église retentit du choc des souliers ferrés sur les dalles; les aboiements, les hurlements se mêlent au chant de l'office. La voilà traînée jusqu'au pied du trône, en forme de petit autel, sur lequel est posée la relique. Mais il faut lui faire appliquer les lèvres sur la vitre du reliquaire, et elle déploie une énergie diabolique pour échapper à ce baiser fatal. Deux hommes arc-boutent leurs bras sous ses épaules afin de lui abaisser invinciblement la

---

1. *Les Aboyeuses de Josselin*, par C. Jeannel. Rennes, 1855, 83 p. in-12.

tête avec leurs mains : d'autres lui ont saisi les bras et les jambes; les cris deviennent plus étouffés, les saccades convulsives de ce corps, enfin dompté, s'arrêtent. Elle a baisé !... Non, ce n'était qu'une ruse ! Au moment décisif, elle a vivement détourné la tête; ses lèvres n'ont point touché la sainte relique; un aboiement aigu, un hurlement vainqueur sort du milieu de ce groupe haletant. La lutte recommence avec toute son énergie, toute son horreur. La sueur ruisselle, les fronts se heurtent, les membres craquent. Soudain elle tombe. Elle tombe foudroyée. Elle a baisé ! Moins rapide est la chute de l'oiseau qu'une balle a frappé dans son vol. Le mauvais esprit l'a quittée, il n'y a plus là qu'une pauvre femme brisée, la tête inclinée, les bras pendants, mais guérie; et ceux qui luttaient contre elle n'ont plus qu'à la soutenir et à la déposer doucement sur une chaise.

Au bout de quelques minutes, la malade se relève; elle va d'elle-même donner à la relique un second baiser volontaire; elle se met à genoux, si elle en a la force; récite une courte prière, et sort en silence, paisiblement appuyée sur les mêmes bras qui la secouaient si rudement quelques instants auparavant. Au sortir de l'église, on la conduit à la fontaine de la sainte Vierge. Elle se lave les mains et la figure, dans cette eau fraîche, en boit une ou deux gorgées et le pèlerinage est fini [1].

M. Jeannel, qui a assisté au pèlerinage à la Pentecôte de 1855, donne les détails les plus saisissants sur les scènes parfois sauvages auxquelles il a assisté, et son livre intéresserait les médecins. C'est après la messe qu'on mène les malades baiser la relique.

Quand la sonnette de l'autel se fit entendre au *Sanctus* et au moment de la consécration, il semblait que son bruit excitât une explosion plus furieuse de convulsions et d'aboiements.—Enfin, au moment même de l'élévation, cette malheureuse se démenait avec tant de rage, que deux hommes vinrent pour la saisir, en faisant signe à un troisième de leur venir en aide. Mais les deux Basses-Brettes (les compagnes de la malade) s'y opposèrent. Il y eut une discussion vive et un moment de lutte. Les deux partis tiraient,

---

[1]. Jeannel, *op. cit.*, p. 10-12.

chacun de leur côté, ce corps tout frémissant. Ce n'est pas pour l'emmener, disaient les hommes, c'est pour la faire baiser. — Pas encore, disaient les femmes, il faut qu'elle entende la messe ! après la messe ! — L'opinion et la ténacité des femmes triomphèrent ; il fut décidé que ce serait après la messe...

Le paroxysme de la convulsion me paraissait être arrivé à son comble, et cependant une crise, dépassant encore toutes les autres en violence et en horreur, se produisit aux trois coups de sonnette du *Domine non sum dignus*. La langue n'a plus de termes pour exprimer la nature de ces cris mêlés de râle, de suffocation et d'aboiement, pour peindre ces contorsions furieuses d'une créature pâtissante, rassemblant en désordre toutes les dernières ressources de la vie, afin de chasser un mal inconnu.

Le prêtre donna ensuite la bénédiction. Aussitôt les trois hommes vinrent ensemble prendre l'aboyeuse par-dessous les bras. Ils l'enlevèrent de terre pour lui faire franchir les sept ou huit pas qui la séparaient du tronc. Cela fut exécuté en un clin d'œil. Mais arrivés là, ils avaient à la mettre à genoux et à lui faire baisser le visage. Ils étaient cinq pour la *forcer*. Elle se débattait, hurlait, aboyait, dérobait sa tête.....

A deux reprises, au moment où l'on croyait l'avoir *réduite*, elle parvint à présenter au reliquaire son front et sa tempe au lieu de ses lèvres, et un aboiement éclatant annonça que rien n'était fait. Elle secoua d'un coup d'épaule un des trois hommes, qui fut renversé sur le tronc même, broyant en miettes les *ex-voto* de cire et quelques paquets de petits cierges. Enfin les deux femmes lui saisirent chacune une cuisse, deux des hommes chacun une épaule, et le troisième, lui prenant la tête à deux mains et lui pesant de tout son poids sur la nuque, elle poussa un rugissement étouffé.... Sa bouche toucha le reliquaire, et elle s'affaissa aussi soudainement qu'un jet d'eau dont on ferme brusquement le conduit. Les deux femmes la recueillirent dans leurs bras et la portèrent à reculons sur une chaise. Les hommes étaient baignés de sueur, et deux d'entre eux avaient fait de tels efforts, qu'ils en avaient blêmi. Quelques instants suffirent à la malade pour se remettre. Elle releva ses bras pendants, redressa sa tête abandonnée et prit une attitude naturelle, les yeux baissés et les mains jointes [1]....

1. Jeannel, *op. cit.*, p. 86 et suiv.

Parmi les malades que M. Jeannel vit défiler devant lui, il s'en trouvait qu'on avait déjà amenées au pèlerinage : « celle de Plumélec, voilà plus de dix ans qu'elle revient tous les ans ; elle se trouve mieux pendant quelque temps, et puis ça lui revient... » On voit que ces femmes, hystériques ou convulsionnaires, sont en proie à une maladie nerveuse. Cette maladie est endémique et traditionnelle. Les influences héréditaires sont entretenues par l'opinion (générale), habituée à voir se renouveler ces accès, par une croyance profonde aux ruses du malin esprit et à la puissance de la relique, peut-être par l'esprit de contradiction si naturel chez les femmes, peut-être encore par l'instinct inconscient de jouer un rôle (sentiment qu'on rencontre si souvent dans les différentes manies).

Ce délire des aboyeuses s'explique par une légende qui a germé évidemment plus tard pour rendre raison de ces fureurs étranges. Ce devait être une punition du ciel après quelque sacrilège, et comme le culte local est celui de Notre-Dame du Roncier [1], ce devait être pour une offense à la Vierge. On raconte qu'à Josselin un jour les lavandières réunies près de la fontaine refusèrent un morceau de pain à une vieille mendiante et, pour s'en débarrasser, excitèrent même leurs chiens contre elle. Cette mendiante inconnue était la sainte Vierge. Pour punir les lavandières de leur dureté, la Vierge les maudit, et leur prédit qu'en punition elles et leurs descendantes aboieraient comme leurs chiens.

---

[1]. Ainsi nommée parce qu'une statue miraculeuse de la Vierge aurait été trouvée parmi les ronces. Cette statue a été brûlée en 1793 ; il en a survécu un éclat de bois, précieusement conservé aujourd'hui comme relique dans le tronc qu'on fait baiser aux aboyeuses. On peut voir sur ce pèlerinage un petit livre publié en 1666, sous ce titre : *Le lys fleurissant parmi les épines, ou Notre-Dame du Roncier, triomphante dans la ville de Josselin*, par le P. Isaac de Jésus-Marie, carme et prédicateur de cette ville, et deux ouvrages récents : *Ancienneté du pèlerinage de N.-D. du Roncier, dans la ville de Josselin*, par Mme Vve Brabant, née Le Gal, Vannes, 1871 ; et *Notre-Dame du Roncier*, par Max Nicol, chanoine honoraire, Vannes, 1886.

C'est la faute que depuis des générations les aboyeuses du pays de Josselin vont expier au pèlerinage de Notre-Dame du Roncier[1].

M. Jeannel écrivait, il y a plus de trente ans : Aujour-jourd'hui les *aboyeuses* et les *aboyeurs* — car le mal prend aussi quelquefois les hommes — sont plus rares ; il s'en rencontre encore pourtant. Voici ce que nous écrivait de Josselin même, le 13 septembre 1886, un ami qui parcourait la Bretagne :

Les aboyeuses prennent leur mal, non seulement vers la Pentecôte, mais à toutes les principales fêtes de la Vierge. Mercredi dernier, 8 septembre, fête de Josselin et de Notre-Dame du Roncier, il y a eu encore un cas, et cette fois celui d'un aboyeur, un homme d'une trentaine d'années, des environs, mais étranger à la localité même. Les cas, qui deviennent plus rares depuis quelque temps, continuent donc, comme vous voyez. Il n'y a guère de grande affluence de pèlerins sans qu'il s'en présente un ou plusieurs. Sur la question d'hérédité du mal, on n'insiste pas beaucoup. Il y a, ou plutôt il y avait, dit-on, des familles ainsi marquées. Maintenant on ne parle plus que de cas individuels. Les malades tombent, s'agitent parfois en convulsions et aboyent TOUJOURS COMME DES CHIENS. On les conduit ou on les porte de vive force devant la châsse, qu'on leur fait embrasser malgré leur vive répugnance et les efforts qu'ils font pour résister. Aussitôt qu'ils ont touché la châsse des lèvres, ils se calment. On les conduit ensuite à la fontaine miraculeuse, qui se trouve dans le repli d'un joli vallon, à environ 150 mètres à l'est du bourg. A l'aide d'une écuelle, on leur lave les mains et la figure avec l'eau, qui est assez fraîche. On leur en fait aussi boire un peu. Mais la lotion est l'essentiel. Après cela, ils sont guéris, du moins pour cette année-là, car il y a très souvent récidive.

A l'autel de la châsse, il y a beaucoup d'ex-voto, dont des figurines creuses en cire blanche représentant des enfants, des femmes bretonnes en costume et coiffe, des bras, des jambes, des

---

1. Jeannel, *op. cit.*, p. 8 ; Dr Fouquet, *Légendes du Morbihan*, p. 58 ; Vve Brabant, *Ancienneté du pèlerinage*, etc., p. 60 ; M. Nicol, *N. D. du Roncier*, p. 100.

têtes, et enfin, le plus caractéristique, un avant-bras droit avec sa main ouverte, tout à fait semblable au bras droit des images de Notre-Dame-du-Roncier, représentée d'ordinair etenant son enfant du bras gauche et tendant légèrement le bras droit en avant, comme pour demander l'aumône. De là, peut-être, la légende qui la fait apparaître aux lavandières sous la figure d'une mendiante. Il y a une ou deux peintures représentant des gens en prière devant l'image de la Vierge, mais rien concernant le miracle des aboyeuses. L'intercession de Notre-Dame-du-Roncier est, du reste, implorée contre toute sorte de maux et pour toute sorte de grâces.

Les aboyeurs ne sont pas particuliers au territoire et au pèlerinage de Josselin. « Nous en avons vu ailleurs, dit M. Nicol, atteints du même mal et trouvant de la même manière leur guérison ; à Sainte-Anne, par exemple, et à Notre-Dame de Kerdroguen, en Saint-Jean-Brevelay. C'étaient des exceptions ; la plupart d'entre eux s'empressait d'accourir au sanctuaire de Josselin [1]. »

Le délire des aboyeuses tient, de loin, à la lycanthropie et il appartient à la même classe de maladies mentales. La lycanthropie est le pouvoir de certains hommes de se transformer, en loup en Europe, en d'autres animaux dans d'autres parties du monde, pour aller, sous cette forme, satisfaire (surtout la nuit) des instincts sanguinaires. Au XVIIe siècle, il y eut encore des hommes condamnés pour ce crime, et condamnés de leur propre aveu, ce qui indique bien une maladie mentale. Une croyance de ce genre ne peut manquer de créer, chez les hommes atteints de cette illusion, l'instinct d'imiter l'animal dans lequel ils se croient transformés. En Abyssinie, où la hyène remplace le loup de nos climats, voici comment un voyageur décrit cette maladie: L'homme atteint commence à gronder, à rugir et à pousser des cris qu'on ne peut mieux comparer qu'au hurlement d'une hyène. Il ne marche plus droit, mais à

---

[1]. Max Nicol. *Notre-Dame du Roncier*, p. 95.

quatre pattes : personne n'a la force de le tenir, et si on essaie de l'attacher, il brise les liens avec une force surnaturelle. La médecine n'y peut rien ; le conjureur seul peut chasser le mauvais esprit. Que doit être ta nourriture et ta boisson ? dit-il au possédé. — Celui-ci demande des excréments, de l'urine, du charbon enflammé et autre chose de ce genre. Et le voyageur rapporte qu'il a vu l'individu avaler de semblables choses sans accident. C'est le conjureur qui guérit le mal, et une fois l'accès passé, le malade ne se souvient plus de rien [1]. M. Andree cite un exemple de la même maladie dans les monts Garrow, en Assam ; mais là le malade croit être transformé en tigre [2]. — On remarquera que, chez les Abyssins, c'est le conjureur, c'est-à-dire un homme revêtu d'une puissance surnaturelle, qui guérit le mal ou du moins en arrête l'accès.

Les sauvages du nord-ouest du Canada sont sujets à une maladie du même genre, et là, comme en Europe pour les enragés, on croit faire œuvre pie et utile en débarrassant les malades de la vie.

Les sauvages du Nord-Ouest, plus ordinairement les femmes, sont parfois atteints d'une maladie terrible qui semble particulière à ces tribus.

Les premiers symptômes de ce mal étrange se manifestent par la sensation d'un froid intense dans l'estomac ; la douleur augmente graduellement, au point de devenir insupportable. Alors le malheureux sauvage, arrivé au paroxysme de la souffrance, est en proie à l'idée fixe que rien d'autre que la chair humaine ne peut lui procurer du soulagement. Il est alors ce qu'on appelle *witigo* ou, comme les blancs prononcent, *windigo*. Surexcité par sa funeste passion, puisant dans l'obsession à laquelle il est livré une force extraordinaire, il n'est pas de cruauté que le *witigo* ne puisse accomplir, pas de coups d'audace qu'il n'ose tenter. Tantôt il fondra tout à coup sur son voisin pour le dévorer sur place ; tantôt,

---

1. Waldemaier, cité dans R. Andree, *Ethnographische Parallelen und Vergleiche*, p. 79.
2. Andree, *op. cit.*, p. 80.

dans l'ombre de la nuit, il se glissera sous les tentes endormies pour égorger une femme, un enfant, un vieillard, un guerrier, un frère, n'importe.

La présence d'un *witigo* dans un camp répand une terreur indescriptible, d'autant plus que les sauvages attachent à cette folie l'idée d'une obsession ou autre intervention diabolique. Aussi le *witigo* est-il considéré comme un chien enragé, une bête venimeuse qui menace toute la communauté et que le premier venu peut abattre impunément.

Au reste, le malheureux qui se sent graduellement envahi par la maladie, en prévient souvent lui-même ses compagnons et demande parfois d'être mis à mort, et les membres de la famille regardent cette extrémité comme une mesure de nécessité absolue.

Nous avons donné un compte rendu du procès de trois sauvages dont deux ont été condamnés à mort par la cour de Battleford pour avoir tué un *witigo*. Nous apprenons que ces condamnations ont soulevé quelques commentaires, et l'on nous assure qu'un jury composé de Métis ou de personnes connaissant les mœurs des sauvages se serait contenté d'envoyer ces malheureux au pénitencier pour la vie.

Sans doute leur action est atroce; mais on ne peut pourtant se dissimuler que ces malheureux ont accompli ce qui est universellement regardé parmi eux comme un acte nécessaire et même méritoire[1].

§ 8. — LES CHEVALIERS DE SAINT-HUBERT.

La rage est une maladie trop cruelle pour que les guérisseurs ou soi-disant tels, soient laissés dans l'ombre. C'est par ce sentiment de crédule espérance qu'il faut expliquer la vogue qu'un prétendu chevalier de Saint-Hubert eut pendant quelque temps en France au milieu du XVIIe siècle. On disait qu'il y avait une famille issue du saint, et, en vertu de son origine, cette famille avait le don, en touchant à la tête, de préserver de la rage et de guérir

---

1. Le *Manitoba*, journal du Canada, cité sur la couverture du *Tour du Monde* du 12 décembre 1885.

par ce seul attouchement, ceux qui avaient été mordus par des animaux enragés ; cette famille avait aussi le pouvoir de donner le répit, et de toucher les animaux avec la clef de Saint-Hubert. Ces privilèges se trouvaient relatés dans un « billet imprimé » ou prospectus, que répandait « Georges Hubert, chevalier, issu en droite ligne de la race du glorieux saint Hubert d'Ardenne, gentilhomme de la maison du Roy ». Tels étaient ses titres, ceux du moins qu'il se donnait lui-même. Il opérait avec l'approbation de l'autorité civile et ecclésiastique.

En 1649, le dernier jour de Décembre, ce George Hubert obtint des lettres-patentes, pour pouvoir exercer tranquillement son merveilleux talent... Il y est dit que Loüis XIII s'étoit fait toucher, qu'il avoit ordonné à ce chevalier de demeurer à sa suite, que Loüis XIV, le duc d'Orléans, son oncle, les princes de Condé et de Conti, tous les officiers de la Couronne, et tous ceux de la maison du Roy, s'étoient fait toucher et que par le seul attouchement ils avoient été préservez de toutes sortes de bêtes enragées. Ces Lettres-Patentes sont datées de Paris le dernier jour de décembre 1649, et le sept du règne de Loüis XIV. Signées Loüis et plus bas par le Roy, la Reine Régente, sa mère, présente... Il est dit expressément dans les Lettres-Patentes que ce Chevalier avait le privilège *de guérir toutes les personnes mordues de loups et de chiens enragés et autres bestiaux atteints de la rage en touchant au Chef sans aucune application de remède ni médicament* [1].

Le 2 août 1652, Georges Hubert eut une permission spéciale de Jean-François de Gondy, archevêque de Paris, qui lui accordait la chapelle de Saint-Joseph (dans la paroisse de Saint-Eustache), pour y toucher les personnes qui se présenteraient. Georges Hubert jeûnait la veille du jour qu'il devait toucher, et le jour même, il se confessait et

---

1. Le Brun, *Hist. crit. des prat. sup.*, 2ᵉ éd., t. II, p. 102 et suiv.

communiait. La permission de M. de Gondy était une recommandation d'autant plus précieuse, qu'elle mentionnait des cas de guérison. « Il est arrivé, il y a quelques années, qu'un chien enragé avoit mordu tant en sa maison de Gondy et Saint-Cloud, qu'au château de Moisy et ès fermes dudit château, quelques chiens, chevaux, porcs et autres bestiaux ; il avoit convié ledit Sieur Chevalier de s'y transporter pour toucher tous ses domestiques, qui furent tous garantis, et lesdits bestiaux guéris. » La même permission fut renouvelée à Georges Hubert par les deux successeurs de M. de Gondy, M. Hardoüin de Perefixe, le 26 mai 1666, et M. de Harlay, en 1689.

Le métier devait être lucratif. Le chevalier faisait courir « des billets imprimés, où il marquoit son adresse à ceux qui voudroient se faire toucher. » Il ne se bornait pas à opérer à Paris, il courait la province. Les États de Bretagne, par une décision du 31 juillet 1653, lui votaient une somme de quatre cents livres[1]. Cette délibération se référait à une requête présentée par ledit chevalier « tendant à ce qu'il leur plût lui faire présent de quelque somme d'argent pour lui donner moyen de continuer ses soins pour la guérison de ceux qui sont affligés de la rage, ou qui ont été mordus des bêtes enragées ». Le chevalier voulait même davantage, car il avait demandé « une pension viagère... pour le désir qu'il a de servir le général de la province, et soulager les habitants d'icelle... »

Des évêques de province lui donnaient également leur approbation : l'évêque d'Angers se fit toucher lui-même et ses domestiques, et il dit dans sa permission que les personnes touchées par le chevalier, étaient ainsi dispensées de « faire le voïage de Saint-Hubert ». Le P. Lebrun rapporte qu'il y eut plus de trente évêques et archevêques qui donnèrent de semblables permissions.

---

1. *Bulletin du comité de la langue, de l'histoire et des arts de la France*, t. II (1853-1855), p. 72.

Ce chevalier figure dans les *Mémoires* de Madame de La Guette, et le morceau est presque aussi amusant qu'une scène de Molière. Nous l'abrégeons.

C'était vers 1662. Mme de La Guette a eu ses bestiaux mordus par un chien enragé, et elle-même a été touchée de sa bave. On lui parle du chevalier, et on la persuade d'aller le trouver à Paris. « Je le rencontrai heureusement et lui dis ce qui m'étoit arrivé. Il m'assura que si j'avais été encore deux fois vingt-quatre heures sans le voir, j'aurois enragé indubitablement. » Mme de La Guette le mène ensuite chez elle dans son carrosse. Il touche les bestiaux et aussi nombre de gens. « Ce bon chevalier toucha le lendemain plus de mille personnes, par précaution, car depuis qu'on a été touché, on est hors de danger des bêtes enragés. Le roi lui a dit plusieurs fois qu'il falloit qu'il se mariât, pour laisser de sa race, qui étoit nécessaire pour le public. Il jeta les yeux sur ma fille, qu'il trouva à son gré. Avant que de m'en parler, il prit la liberté de dire au roi : « Sire, je suis résolu de me marier ; « j'ai vu une demoiselle à la campagne qui m'agrée fort, « étant sage et honnête. Votre Majesté sait qu'il ne m'en faut « point d'autre. J'espère, Sire, que vous aurez la bonté de « me faire quelque grâce en faveur de mon mariage. » Le roi lui dit : « Faites. Je vous ferai un présent considérable et la Reine vous en fera un aussi... » Quelques jours après, il vint chez moi pour m'en faire la demande, et pour me déclarer ses sentiments. Je reçus sa déclaration civilement, et le priai de me donner quelque temps pour y songer, parce que je savois qu'il n'étoit pas fort riche. Quant à la noblesse, il en avoit de reste, étant de la race de saint Hubert. Il me dit que le roi avoit promis un brevet de femme de chambre de la reine pour la personne qu'il épouseroit... » Le mariage pourtant ne se fit pas. Mme de La Guette, en mère prudente, voulait avoir le brevet de sa fille *avant* le mariage, et le chevalier n'avait que la promesse de la première place vacante... « Il s'en retourna là-dessus, voyant bien qu'il n'y avoit rien à prétendre[1]. »

Comme il est aisé de le penser, le chevalier n'était pas seul de sa famille. « Outre ce George Hubert, il y a eu une religieuse à l'abbaïe aux Bois qui se disoit chevalière de saint Hubert, et qui touchoit plusieurs personnes ; il y en avoit une autre à Gentilly, aux Hospitalières. On m'a dit qu'il y en avoit une actuellement à Lille. Dans le *Fureteriana*, il est parlé d'une prétendue chevalière de saint Hubert qui touchoit, dit-on, avec succès[2]... » Plus tard encore, on trouve des descendants du saint. « Il y avait encore en France, à la fin du siècle dernier, une famille de gentilshommes de l'Artois, portant le nom de Regnier, et à laquelle appartenait le château de La Thure, dans le Boulonnais, et qui avait la prétention de guérir de la rage comme descendants de saint Hubert. Cette descendance s'établissait par Évronien, cousin de Floribert, fils de saint Hubert[3]. »

Andry cite d'autres personnes de la lignée de saint Hubert, mais celles-là ne se contentaient pas de toucher ; elles faisaient suivre un traitement dont elles prétendaient avoir le secret, par une tradition « conservée dans leur lignée. » Parmi les exemples que cite Andry, en voici deux :

En 1621 on connaissoit quelques personnes qui étoient de la famille de saint Hubert, savoir, Marie Chressen, d'Aire-en-Artois, où elle étoit religieuse. Elle tiroit un peu de sang de la langue et

---

1. *Mémoires de Madame de La Guette*, nouv. éd. (Bibliothèque Elzévirienne). Paris, 1856, p. 200-205.

2. Le Brun, *op. cit.*, t. II, p. 109. — A ce témoignage, on peut en ajouter d'autres. Guillaume Morin, dans son *Histoire générale du Gatinois*, publiée en 1630, parle d'un Jacques du Quesnay, seigneur de Varennes, qui guérissait de la morsure des bêtes enragées comme issu de saint Hubert par sa mère, Marie Guillart. Il parle aussi d'une religieuse du nom de Guillart, qui touchait les personnes mordues.

3. De Douhet, *Dictionnaire des Légendes du christianisme* (coll. Migne), col. 602.

des articulations des doigts des deux mains, faisoit frotter le corps de sel et d'ail, et le faisoit ensuite envelopper pendant 24 heures avec un drap de laine ; on brûloit ensuite les linges et les enveloppes qui avoient servi ; on lavoit les mains dans de l'eau salée, et on se plongeoit trois fois dans la mer en l'honneur de saint Euron et de saint Hubert.

Dans le même temps, vivoit Guillaume Couvreur, gentilhomme de la race de saint Hubert, de Saint-Paul-en-Artois ; il suivoit le même traitement que sa cousine d'Aire ; mais il avoit une messe particulière, et faisoit faire l'immersion au nom de saint Hubert et de saint Paul[1].

Andry cite aussi la recette d'un gentilhomme de ses amis, appelé M. de Canroses, de la lignée de saint Hubert. Ce remède se composait surtout de vomitifs[2].

Il y a plus encore : il y eut des guérisseurs qui guérissaient à titre de descendants d'auditeurs de saint Hubert[3] !

Le R. P. Le Brun, qui discute les légendes, et est un rationaliste à sa manière, s'inscrit en faux contre la généalogie des prétendus chevaliers de Saint-Hubert, et il conteste, pour ce motif, leur don surnaturel. Il n'admet pas davantage l'analogie avec la guérison des écrouelles par les rois de France, qui est constante et très ancienne, tandis qu'il n'en est pas de même des guérisons des prétendus chevaliers de Saint-Hubert. Le clergé de Saint-Hubert d'Ardenne paraît aussi avoir toujours protesté contre cette concurrence, et il l'avait déclarée sans autorité et sans vertu. C'est, dit M. l'abbé Bertrand, une grande erreur d'attribuer le pouvoir de donner le répit « à certains personnages, prétendus descendants du saint ; inutile de dire que leurs titres généalogiques ont toujours été et demeurent fort suspects, et que jamais leur intervention n'a guéri personne[4]. »

1. Andry, *Recherches sur la rage*, p. 325.
2. *Ibid.*, p. 326.
3. De Douhet, *op. cit.*, col. 6403.
4. Bertrand, *op. cit.*, p. 169.

La créance que trouvaient les chevaliers et chevalières de Saint-Hubert n'est pas pour nous étonner : elle était conforme aux idées reçues et ne manquait pas d'analogues. Du moment que le principe de guérison surnaturelle est admis, et que certaines personnes ont ce pouvoir, il est naturel qu'elles transmettent ce pouvoir à leurs descendants. Sans parler du don que les rois de France avaient de guérir les écrouelles *ex officio*, on peut rappeler les exemples de la race de saint Paul, de la race de sainte Catherine, de la race de saint Roch, de la race de saint Martin. Écoutons encore le curé Thiers : « Les sauveurs d'Italie (ceux qui guérissent des piqûres des serpents) se disent parents de saint Paul et portent empreinte sur leur chair la figure d'un serpent, qu'ils veulent faire croire leur être naturelle, quoiqu'elle soit artificielle.... C'est pour cela qu'ils se vantent de ne pouvoir être blessés par les serpents, ni par les scorpions, et de les manier sans danger... » En effet, saint Paul, à son passage à Malte, avait été piqué par une vipère sans en être incommodé. (*Actes*, xxviii, 1-6. Cf., *Évang. St Marc*, xvi, 18.)

Les « parents de sainte Catherine » portaient de même sur leurs corps l'empreinte d'une roue. « Ils assurent qu'ils ont apporté du ventre de leur mère cette figure, quoiqu'ils se la soient faite à eux-mêmes... Ils se vantent que le feu ne peut leur nuire, et qu'ils le peuvent manier sans se brûler. » En effet, on les voyait tenir en leurs mains des charbons ardents, plonger les bras dans l'huile bouillante, faire en un mot tous ces tours que les bateleurs forains pratiquent encore dans un champ de foire, mais comme un art tout à fait laïcisé. La roue de sainte Catherine, qui a été l'instrument de son martyre, est l'emblème avec lequel cette sainte était représentée.

« On prétend que ceux qui sont de la race de saint Roch peuvent demeurer auprès des pestiférés, les gouverner, les servir, et quelquefois les guérir sans être affligés d'aucune maladie contagieuse. » En effet, saint Roch guérit de la peste et du choléra.

« Ceux qui se disent de la race de saint Martin prétendent guérir du mal caduc, en observant les cérémonies suivantes... » Et le curé Thiers, auquel nous empruntons ces exemples[1], cite une famille du Vendômois qui passait pour avoir un don analogue : « Je n'ai jamais cru que ce que l'on attribue à ceux qui sont de la maison de Coutance, dans le Vendômois, fût véritable, sçavoir qu'ils guérissent les enfants de la maladie appelée le *carreau* en les touchant. J'ai toujours été persuadé, au contraire, que cette guérison étoit ou imaginaire ou superstitieuse. »

On voit par là que l'avènement et le règne du christianisme n'avaient pas changé la nature humaine et que la même façon de comprendre les causes et les effets dans la nature amenaient des croyances et des pratiques du même ordre. Que sont ces « parentages » de saint Paul, de sainte Catherine, de saint Hubert, etc., sinon le pendant de ces familles d'Asclépiades grecs, qui guérissaient parce qu'ils descendaient d'Esculape, le dieu de la médecine ?

§ 9. — LES COLPORTEURS DE SAINT-HUBERT

Aujourd'hui les pèlerinages attendent les pèlerins. Il n'en était pas de même autrefois, surtout au moyen âge. Les pèlerinages sollicitaient les pèlerins, en envoyant dans tous les sens des colporteurs qui vendaient à bas prix des objets de piété, des images, plus tard des placards et des petits livres. C'était la « publicité » religieuse des temps passés : les colporteurs étaient comme les annonciers et les commis-voyageurs des miracles qui se faisaient et des maladies qui se guérissaient à l'église du saint.

Il est difficile aujourd'hui de se rendre compte de cet état

---

1. Thiers, *Traité des superstitions*, t. I, liv. VI, ch. IV.

de choses : des allusions isolées dans les anciens écrivains, ou les souvenirs des personnes qui ont vu circuler dans nos provinces les derniers représentants de cette industrie sacrée, sont nos sources uniques de renseignements. Ainsi M. Bladé parlait récemment, en passant, des *Sent-Jacaire* de son pays (la Gascogne). « On nomme ainsi les marchands, chaque jour plus rares, vêtus d'une houppelande semée de coquilles, et porteurs d'un bourdon, qui courent les foires, en vendant des objets de piété. Ils disent venir de Saint-Jacques de Compostelle (de là leur nom); mais ils sont généralement Béarnais[1]. »

Le peuple appelait familièrement un Saint-Hubert le colporteur ou le ménétrier qu'il voyait fréquenter les foires ou courir les grandes routes en se réclamant du saint qui guérit de la rage. En voit-on encore? nous en doutons; mais on nous les a décrits avant qu'ils aient disparus. « Les ménétriers ambulants, disait M. Charles Nisard[2], qui chantent encore dans les foires le cantique de saint Hubert, portent son image et celle de la biche, en cire, dans un tryptique, sur lequel on bénit des bagues et des chapelets par un simple attouchement. » Laisnel de la Salle donne plus de détails sur les *Saint-Hubert* du Berry :

On rencontre dans la plupart de nos foires et assemblées des charlatans que nous nommons *saint Hubert* ou *Marchands de saint Hubert*, qui promènent dans une petite boîte l'image de saint, à laquelle ils font toucher des bagues, des chapelets bénits qui acquièrent à ce contact de grandes vertus préservatrices. Lorsque vous êtes muni d'un pareil talisman et lorsque vous savez par cœur la fameuse *oraison de saint Hubert* qui commence par ces mots :

> Grand saint Hubert, qu'êtez glorieux,
> Du fils de Guieu (Dieu) qu'êtez amoureux ;

---

1. Bladé, *Contes populaires de la Gascogne*, t. I, p. 16.
2. *Histoire des livres populaires*, 2ᵉ éd., t. II, p. 160.

>   Que Guieu nous garde en ce moument
>   Et de l'aspic et d'la sarpent,
>   Du ch' ti chin et du loup maufait,
> (C'est-à-dire du chien enragé [litt. chétif] et du loup méchant.)
>   Etc., etc.

Vous pouvez entreprendre, sans crainte d'encombre, les plus lointains voyages et braver les jaguars, les tigres et les boas de l'ancien et du nouveau monde [1].

Voici encore un témoignage analogue ; il me vient de M. Henri Dehez, et il s'agit de Malmédy (près de Spa), petite ville wallonne englobée depuis 1815 dans la Prusse Rhénane :

Je me rappelle que dans mon jeune âge, il y a de cela une quarantaine d'années, il arrivait de temps à autre, en été surtout, des colporteurs venant de Saint-Hubert des Ardennes et qui circulaient d'une maison à l'autre dans la ville et ses environs. Ces gens, ordinairement des vieillards en blouse bleue, étaient porteurs d'une case s'ouvrant à deux battants et contenant la représenta-

---

1. Laisnel de la Salle, *Croyances et Légendes du centre de la France*, t. I, p. 331.

M. Ribault de Laugardière, dans son opuscule *Lettres sur quelques prières populaires du Berry* (Bourges, 1856), donne (p. 7) une variante complète de cette prière :

>   Grand saint Hubert qu' ét's glorieux,
>   Du fils de Dieu qu' ét's amoureux,
>   Que Dieu nous garde en ce moument
>   Et de l'esprit de la serpent,
>   Du chien fou, du loup enragé,
>   Ni *pig'* (piège) qui peut pas s'approcher
>   Ni de moi ni du ma compagnie,
>   Pas pus que l'étoil' du ciel m'approche.

Ne trouvant pas ce huitain assez explicite, certaines personnes ajoutent une phrase en prose dans laquelle se rencontrent (est-ce par hasard ?) deux rimes et quelque soupçon de mesure :

Que l' bon Dieu me garde — des chiens, des chats, — des loups, des rats, — et pis des p'tites bêtes qu'y a dans les boissons, qu'a font *pchiit !...*

tion de l'église et de l'autel de Saint-Hubert avec toute sorte d'accessoires pour enjoliver la chose et la rendre plus intéressante aux femmes et aux enfants : petits cierges, bougies, rubans, etc.

Ils faisaient le commerce d'images, de chapelets, de bagues, de **cornets**, peut-être aussi de scapulaires, le tout bénit à Saint-Hubert et touché aux reliques.

Ces petits objets se payaient quelques centimes et tout le monde en faisait l'acquisition. Les bagues étaient principalement pour les petites filles, tandis que les cornets (cors de chasse) en métal blanc ou jaune, étaient pour les petits garçons ; on leur attachait le cornet à la casquette, au bonnet ou au chapeau, ordinairement sur le côté. On croyait généralement que porter ces objets garantissait de la morsure des chiens enragés.

Les colporteurs vendaient aussi de petites brochures contenant la vie et les miracles de Saint-Hubert.

Depuis bien des années, depuis quarante ans peut-être, on ne voit plus venir ces colporteurs ; j'ignore pour quel motif ils ont cessé leur commerce.

Sans doute, parmi ces marchands, il devait y avoir de la contrebande et tous ne venaient pas de Saint-Hubert d'Ardenne. Les âmes simples ne leur demandaient pas toujours de produire leurs papiers. Pourtant ils devaient en avoir, car voici, d'après M. l'abbé Hallet (p. 148), « la teneur du certificat imprimé qu'on délivre à Saint-Hubert aux colporteurs d'objets de dévotion, afin de donner aux fidèles l'assurance que les objets qu'on leur vend sont réellement bénits ».

ÉGLISE DE SAINT-HUBERT.

*Je soussigné, aumônier de l'Église de Saint-Hubert, certifie avoir bénit et touché de l'*ÉTOLE MIRACULEUSE *du* GLORIEUX SAINT HUBERT, *Apôtre et Patron des Ardennes,   bagues, croix, médailles, chapelets, etc. dont est porteur* N.

Saint-Hubert, le   18

N. B. — Il arrive quelquefois que des colporteurs munis du présent certificat, en abusent pour vendre des objets qui n'ont point été bénits.

Les personnes qui achètent doivent faire attention à la date du jour où le certificat a été délivré et à la quantité des objets bénits, désignée par les mots : *grande quantité, beaucoup, plusieurs* et *quelques.*

Ces colporteurs avaient, anciennement du moins, un placard imprimé qu'on leur donnait à Saint-Hubert, dont le curé Thiers (liv. V, ch. IV, et liv. VI, ch. IV) nous a conservé des extraits. Il était intitulé : *Sommaire des miracles continuels qui se font en l'Église ou Monastère de M. S. Hubert en Ardennes, de l'ordre de S. Benoît, au diocèse de Liége, et des Grâces et Indulgences concédées à perpétuité par les souverains Pontifes de Rome, à la confrérie dudit glorieux S. Hubert.* Le curé Thiers nous dit que « les quêteurs de la confrérie » (étaient-ils distincts des colporteurs ?) distribuaient ces placards dans les paroisses. C'étaient en somme des prospectus destinés à amener des clients au saint et à son monastère.

C'est qu'en effet, afin de se préserver de la rage, on porte dévotement sur soi des objets bénits et touchés à l'Étole miraculeuse de saint Hubert, comme des croix, des bagues, des chapelets, médailles, etc.[1]. Et M. l'abbé Hallet cite (p. 170) l'exemple de deux Pères Jésuites qui en Italie, en 1863, furent préservés des morsures d'un chien enragé, tandis que les personnes qui les précédaient et qui les suivaient furent mordues. « Les deux religieux attribuèrent cette préservation à l'anneau bénit de Saint-Hubert qu'ils portaient. Aussi a-t-on écrit de Rome à un Père, qui devait s'y rendre de Belgique, au mois de novembre, pour le prier d'apporter quelques douzaines d'anneaux et de médailles bénits au célèbre sanctuaire des Ardennes qui porte son nom, et qui est si connu par les nombreuses guérisons dues à son intercession puissante. »

Les objets de piété qui exprimaient le culte de saint Hubert étaient innombrables, et il s'en fabriquait non pas seulement en Belgique, à Namur, à Liége ou à Luxembourg, mais dans tous les pays qui connaissaient ce culte. Un numismatiste du Pas-de-Calais, M. Dancoisne, écrivait que sa collection en contient plus de quarante médailles

---

1. Bertrand, *op. cit.*, p. 190.

différentes, fabriquées dans la contrée pour cette dévotion[1]. Le commerce de tous ces objets en était fait par tous les marchands d'objets de dévotion, dans les fêtes, dans les foires, dans les marchés, mais surtout par les colporteurs spéciaux de Saint-Hubert. On les achetait moins par piété que par intérêt ; car porter une de ces amulettes équivalait à un brevet d'assurance contre la rage.

Au pèlerinage de Sainte-Clotilde des Andelys, en Normandie, on vend encore, entre autres objets de piété, « des bagues de Saint-Hubert contre les morsures des chiens enragés[2] ».

Le sujet est partout le même ou peu s'en faut : saint Hubert agenouillé devant le cerf miraculeux ; derrière lui, son cheval ; quelquefois près de lui, son chien ; en haut, un ange qui apporte une étole. Il y a les *cors* ou *cornets* : ce sont des images minuscules d'un cor de chasse, quelquefois pleines, plus souvent ajourées, où la scène miraculeuse est représentée au centre. Il y a les *sifflets* : ce sont des sifflets de quelques centimètres auxquels sont attachés une banderole avec légende. Il y des bagues avec les mots : « S. Hubert, priez pour nous. » Il y a enfin des *médailles* de toutes les formes et de toutes les grandeurs, rondes, ovales, carrées, losangées, octogones, estampées ou bien à deux faces : d'un côté, la même scène de l'apparition ; de l'autre, tantôt le nom du saint, tantôt une invocation, tantôt l'image de l'étole, de la clef et du cornet, plus souvent encore une autre image de dévotion, le Calvaire d'Arras, ou Notre-Dame de Capulet, ou saint Marcou, ou saint Amable, etc. Cette double image avait pour objet ou bien d'associer une dévotion locale au culte plus général de saint Hubert (par exemple à Arras avec son calvaire, dans les médailles

---

1. Plusieurs sont figurées dans les planches qui accompagnent son livre : *Les médailles religieuses du Pas-de-Calais*, Arras, 1880 (Extrait des *Mémoires* de l'Académie d'Arras).

2. Boué (de Villiers), *le Pèlerinage de la fontaine de sainte Clotilde aux Andelys*, p. 16.

frappées à Arras), ou bien de permettre aux personnes pieuses de réunir dans une même médaille deux de leurs dévotions préférées, ou encore de joindre un préservatif contre la rage à la dévotion d'un saint particulier. Tous ces objets étaient faits pour être portés, au cou ou aux vêtements, comme on le voit par les *bélières* ou attaches dont ils sont munis. Ils sont la plupart en cuivre, en plomb, en étain ou dans de vulgaires alliages ; ils étaient de la sorte à la portée des bourses les plus pauvres ; ce n'est pas qu'on n'en fabriquât aussi en argent et en or ; mais de tout temps les objets sacrés faits d'un métal précieux ont été de conservation difficile, et bien peu traversent les siècles sous la forme que leur a donnée la piété. Nous avons pu examiner des spécimens de ces différents objets dans le cabinet de M. Maxe-Werly, dont la belle collection de médailles religieuses a une véritable valeur scientifique ; nous y avons aussi remarqué la scène du miracle de saint Hubert sur un *bouton* de métal blanc, de trois centimètres de diamètre, et qui se portait sans doute au chapeau. Cet usage était fréquent au moyen âge, et l'on connaît la dévotion de Louis XI à cet égard.

Nous ne croyons pas que le commerce de ces objets se fasse aujourd'hui ailleurs qu'à Saint-Hubert même ; mais aucun des pèlerins ne quitte le village sans en être amplement muni. M. l'abbé Hallet, qui consacre un chapitre à ce sujet (p. 166 et suiv.), ne manque pas de recommander de les porter avec respect et sans les mêler à des objets profanes. Par exemple, « un petit cor ou cornet peut être attaché à la chaîne ou au cordon de la montre, pourvu qu'il n'y soit pas en compagnie d'un autre objet profane ». On fabrique en effet de jolis cors et de jolies clefs en argent propres à être portés en breloque.

Les marchands de la ville de Saint-Hubert se montrent d'ailleurs d'une extrême complaisance envers les pèlerins qui leur achètent des objets de piété, et ils ne manquent jamais d'offrir leurs services pour porter à l'église les objets vendus, à l'effet de les faire bénir, et toucher à la Sainte-Étole. M. l'aumônier se prête toujours gracieusement et gratuitement à cette fonction, et remet dans le tronc de l'église les petites offrandes que les pèlerins ont la louable habitude de faire à cette occasion. Ces offrandes sont employées à l'entretien de l'église de Saint-Hubert, dont les ressources ordinaires seraient insuffisantes, si la piété des fidèles ne lui venait en aide. [1].

Ce sont les mêmes objets que nous venons de décrire d'après d'anciennes collections. Le type de la médaille a pourtant subi cette modification que l'ange apportant l'étole a disparu du sommet du tableau. De plus, l'autre sujet figuré au revers est invariablement saint Roch, avec la légende : *Saint Roch, préservez-nous du choléra*, ou simplement : *Saint Roch, priez pour nous*. Nous étions étonné de ne pas trouver plus de variété et nous demandons au marchand s'il n'avait pas saint Hubert en compagnie d'un autre saint : « Non, monsieur, nous répondit-il avec emphase ; les deux vont ensemble ; saint Hubert est pour la rage, et saint Roch pour le choléra. » Les mêmes médailles se font aussi en argent et en or. « Il vient des pèlerins de partout, monsieur ! De Belgique, du Luxembourg, d'Allemagne, de France, du Pas-de-Calais surtout ; ceux-ci nous achètent des médailles, des cornets et des clefs en argent. Les Français sont les meilleurs pèlerins de tous ! » Et un peu après, le bonhomme, avec une humilité et une bonne foi qui arrêtaient le sourire, ajoutait : « Ah ! monsieur ! nous devons bien de la reconnaissance au grand saint Hubert, car c'est lui qui nous fait vivre ! »

§ 10. — LES CLEFS OU CORNETS DE SAINT HUBERT.

Le placard des « quêteurs de la Confrérie de Saint Hubert, » cité par le curé Thiers, dit entre autres choses :

---

[1]. Hallet, p. 169.

« Ne faut oublier les cors ou cornets de fer (qu'on appelle *clefs de Saint-Hubert*) bénits et touchés à la sainte Étole qui servent aux chiens et autres animaux qui sont marqués, d'un préservatif singulier et remède assuré contre le péril de rage et toutes mauvaises morsures, tant insérés qu'à insérer ; du moins s'il arrive qu'après avoir été marqués de cette clef, ils soient infectés de la rage, ils meurent paisiblement sans faire aucun mal. »

Il est assez curieux que cet instrument qu'on appelle *clef* ou *cornet* n'ait la forme ni d'une clef ni d'un cor ou cornet : « C'est, nous dit M. Hallet, un fer en forme de cône, d'une longueur d'environ dix centimètres, terminé par une espèce de sceau qui représente un cornet [1]. » Cette image du cor, juste à l'extrémité avec laquelle on marque, explique le nom de *cornet* ; quant au nom de *clef*, il vient d'un emploi analogue de « clefs de saint Pierre, » dont nous parlerons plus loin, et du souvenir d'une clef donnée par saint Pierre à saint Hubert.

Le cône ou la tige de cet instrument sert à le fixer dans un manche en bois ou en métal assez long pour qu'on puisse faire rougir au feu le cornet et s'en servir plus aisément pour marquer les animaux. En recevant la clef des aumôniers de saint Hubert, on reçoit en même temps la manière de s'en servir. En voici le texte. Il est intéressant en ce qu'il nous montre la cautérisation appliquée sinon aux hommes, du moins aux animaux.

Instruction sur l'usage des Cornets de fer, nommés ordinairement Clefs de Saint-Hubert, qui sont bénits par des prières particulières, et ensuite touchés à l'Étole de ce grand Saint.

Dès qu'on s'aperçoit qu'un animal a été mordu ou infecté par un autre, il faut faire rougir le cornet ou clef au feu et l'impri-

---

1. Hallet, p. 171. — On le trouve figuré dans le *Bull. Arch. de la Soc. Arch. de Tarn-et-Garonne*, t. VI (1878), pl. II, fig. 5.

mer sur la plaie même, si cela se peut commodément, sinon sur le front jusqu'à la chair vive, et tenir ledit animal enfermé pendant neuf jours, afin que le venin ne puisse se dilater par quelque agitation immodérée.

Les animaux sains seront aussi marqués au front, mais il ne sera pas nécessaire de les tenir enfermés.

Cela fait, quelqu'un de la famille, soit pour un ou plusieurs bestiaux, commencera le même jour à réciter pendant neuf jours consécutifs, cinq *Pater* et *Ave* à l'honneur de Dieu, de sa glorieuse mère et de saint Hubert. Pendant tout ce temps, on donnera tous les jours au dit animal, avant toute autre nourriture, un morceau de pain ou un peu d'avoine bénits par un prêtre, à l'honneur de saint Hubert.

La vertu merveilleuse de ces cornets pour les bestiaux est suffisamment constatée par l'expérience journalière, et quand même, malgré cette précaution, la rage se communiquerait à un tel animal, on voit qu'il crève sans nuire aux autres.

Ce serait un abus, et ces clefs seraient profanées si l'on s'en servait pour marquer des hommes ou si on les imprimait sur du bois ou autre chose lorsqu'elles sont rougies au feu, puisqu'elles ne sont bénites que pour marquer les animaux.

Ce serait un abus de croire qu'elles sont profanées lorsqu'on les laisse tomber à terre, ou qu'on les touche avec la main.

C'est un abus criminel de se servir des cornets ou clefs de saint Hubert pour gagner de l'argent, ou tout autre présent. La seule intention d'en recevoir rend ces cornets inutiles pour obtenir l'effet qu'on espère, et par conséquent, ils sont profanés.

(Signé par M. l'aumônier[1].

Quel est le succès de ce traitement? M. l'abbé Hallet convient « qu'on en est venu se plaindre assez souvent, à Saint-Hubert, de ce que l'usage de la clef bénite n'avait produit aucun effet sur les animaux marqués. » Mais, ajoute-t-il, « la réponse à cette objection est facile. » Cela

---

[1]. Hallet, p. 171. — On trouve plus loin, dans le même livre, p. 189, le texte de la « Prière à dire neuf jours de suite quand on marque quelque animal avec la clef de saint Hubert ».

tient à ce qu'on n'a pas suivi les règles de l'Instruction, et il se trouve toujours quelque manquement ; ou bien celui qui a marqué a reçu de l'argent ; ou bien on s'est servi de la clef pour cautériser des hommes ; ou bien, le plus souvent, la clef a été profanée, d'une façon ou d'une autre... Il faut la faire bénir à nouveau et elle reprendra toute sa vertu.

Dans le fait que l'on cautérise, autant que possible, la plaie même de l'animal, on voit un traitement d'ordre naturel. En effet, le traitement naturel et le traitement surnaturel se confondent ici. Le traitement ne devient surnaturel que lorsqu'on se borne à marquer l'animal au front. « Ce n'est donc pas, dit M. l'abbé Bertrand, en vertu de la brûlure que les animaux marqués sont rendus impuissants à nuire, et encore moins (comme les incrédules ont prétendu que c'était le cas chez les hommes), par la vertu de l'imagination calmée par la superstition [1]. » C'est donc bien la vertu miraculeuse de l'Étole qui s'opère ici ; et M. l'abbé Bertrand ajoute : « Il est presque inouï qu'on ait vu un seul animal marqué de la clef de saint Hubert, tomber dans la rage... » On a vu qu'un des successeurs de M. l'abbé Bertrand, M. l'abbé Hallet, a été plus sincère, tout en expliquant les raisons cachées de ces insuccès, raisons acceptées sans la moindre idée de conteste et de doute par la foi des fidèles.

Les théologiens n'ont pas toujours approuvé ce traitement. De Saintebeuve, qui déjà condamnait comme « superstition » de « faire toucher les animaux par le prêtre avec un fer rouge pour la rage », trouve que c'est une profanation de leur donner du pain bénit :

Il est permis de donner du pain bénit par le Prêtre aux hommes attaqués de la rage ; la bénédiction dont l'Eglise se sert pour le pain, prouve cela, *ut omnes ex eo gustantes inde corporis et animæ percipiant sanitatem. Et encore, ut sit omnibus su-*

---

[1]. Bertrand, p. 188.

mentibus salus mentis et corporis, atque contra omnes morbos et universas inimicorum insidias tutamen. Je n'estime pas qu'il soit permis d'en donner à des bêtes enragées, ou mordues de quelques autres bêtes, ni d'en bénir exprès pour elles, étant une chose qui n'a jamais été faite [1].

« Une chose qui n'a jamais été faite… » dit le rigoriste de Saintebeuve. Mieux informé, il aurait appris qu'il existe toute une série de formules rituelles pour cette sorte de bénédiction. Nous les trouvons, par exemple, dans un recueil d'exorcismes, de bénédictions et de prières, publié à Cologne, en 1743, par le P. Vincent de Berg, franciscain, « avec la permission de ses supérieurs [2]. » Ces formules y occupent huit pages (p. 73-81). Il y a d'abord la *Benedictio Panis S. Huberti*; puis la *Benedictio Aquæ, Salis et Panis, contra morsum rabidi Canis tam pro hominibus quam jumentis*; et enfin *Alia Benedictio Panis et Aquæ contra morbum rabidum*. Le P. de Berg reproduit ensuite (en latin) les instructions pour l'emploi des clefs et les règles de la neuvaine de la taille.

De notre temps, Mgr Barbier de Montault, « prélat de la maison de S. S. le Pape Pie IX », raisonnant sur la pratique de la clef, ne peut comprendre qu'il y ait *profanation* à se servir de la clef pour cautériser les hommes.

Qu'on applique la clef sur un homme hydrophobe, en quoi aura-t-elle perdu de sa vertu? Si elle est efficace pour les animaux malades, à plus forte raison, ce me semble, devrait-elle opérer sur un chrétien, chez qui l'hydrophobie a des conséquences autrement affreuses que sur une bête dépourvue de raison. Il est vrai que ceux-ci ont, pour les préserver et les guérir, la Taille et le Répit.

En effet, car si la clef avait la même vertu pour les hommes que pour les animaux, on n'aurait plus besoin de

---

1. J. de Saintebeuve, *op. cit.*, t. II, p. 40.
2. *Enchiridium quadripartitum*, P. Vincentii Von Berg, *franciscani conventualis*, Coloniæ, 1743, in-18.

venir à Saint-Hubert demander la Taille et le Répit. Et que deviendrait le pèlerinage ?

Que le prêtre qui fait trafic de cette clef commette une action plus ou moins blâmable, c'est possible, en vertu de ce principe que les choses saintes ne se vendent pas ; mais que la faute qu'il commet rejaillisse sur la clef elle-même qui demeure « inutile » et sur le fidèle dont la prière reste stérile, je ne puis l'admettre, car une telle conséquence serait en opposition avec toute la tradition ecclésiastique, qui ne donne pas une telle portée aux actes, même coupables, des ministres sacrés. Pourtant la brochure est « approuvée par Mgr l'Evêque de Namur. »

Mgr Barbier de Montault ne pense pas que ces cas dirimants aient pour utilité d'expliquer les cas d'insuccès dans l'application de la clef.

Il faudrait avoir entre les mains la formule de bénédiction de ces clefs pour bien se rendre compte du but que se propose l'Église, si même l'Église y est pour quelque chose, car son intervention n'est certaine qu'autant que le Saint-Siège s'est prononcé sur la valeur liturgique des oraisons récitées en cette circonstance. M. Bertrand m'écrit à ce sujet, en réponse à ma demande :

« La formule de bénédiction de la clef de saint Hubert doit venir des anciens abbés. Elle est contenue dans un rituel particulier à l'église de Saint-Hubert, manuscrit renfermant des formules tirées du rituel romain et d'autres formules dont l'auteur est inconnu. Je ne crois pas que ce rituel soit formellement approuvé, mais les évêques de Liège et de Namur ont vu ce qui se pratique à l'église de Saint-Hubert et ils y *consentent*[1]. »

Mgr Barbier de Montault avait demandé à son correspondant copie de ce rituel ; mais, tout *monsignore* qu'il fût, on ne lui fit pas cette confidence, et il est forcé de dire : « Je

---

1. Mgr Barbier de Montault, *Le reliquaire de Lacour-Saint-Pierre (Tarn-et-Garonne) et les clefs de Saint-Pierre et de Saint-Hubert*, dans le *Bull. Archéol. de la Soc. Archéol. de Tarn-et-Garonne*, t. V (1878), p. 74-75. — Les italiques (*consentent*) sont dans le texte que nous reproduisons.

n'ai pu obtenir, malgré mes instances, copie de cette formule de bénédiction qui m'eût intéressé à un haut degré. »

Mgr Barbier de Montault pense que « la forme actuelle de la clef de saint Hubert doit être relativement moderne, et le cornet lui-même dépasse tout au plus la fin du moyen âge ». Et quant à l'opinion qui voudrait faire du cor figuré à l'extrémité la représentation du sceau même du saint, il la réfute en quelques mots : « Mais il reste à démontrer que le disque, marqué d'un cornet, est fait à l'image du sceau de saint Hubert. Qu'il ait eu un sceau, je n'en doute pas ; que ce sceau ait représenté, comme meuble héraldique ou autre, un cor de chasse, là est la question. Pour un évêque de ce temps, il serait au moins singulier et inouï qu'en souvenir de sa vie mondaine, il eût gardé un signe aussi peu chrétien ! Les sceaux publiés par le commandeur de Rossi dans le *Bulletin d'archéologie chrétienne* ont une autre tournure et d'autres symboles[1]. »

L'emploi des clefs de saint Hubert était assez fréquent en France et en Allemagne, mais il ne paraît pas qu'elles provinssent toujours de Saint-Hubert d'Ardenne. On donnait le nom du saint de la rage à des clefs destinées à marquer les animaux ; cela est évident pour celles de ces clefs qui ont été décrites par les archéologues et qui ont bien la forme d'une clef, non d'un cône. Tel est le cas de la clef de saint Hubert à Oyré (Vienne), dont Mgr Barbier de Montault a donné le dessin. Elle est conservée dans la chapelle de Saint-Hubert, à quatre kilomètres du bourg d'Oyré, et lieu de pèlerinage. « Chauffée à blanc, cette clef servait à cautériser les morsures de la rage dans la chapelle du pèlerinage. » — Tel est aussi le cas d'une clef de saint Hubert qui est en usage dans la ville de Loudun, au diocèse de Poitiers. C'est dans l'église de Saint-Hilaire ; un petit autel est dédié au patron des chasseurs ; le tableau de retable rappelle sa conversion. « Le sacristain de l'église était en

---

1. Mgr Barbier de Montault, *loc. cit.*, p. 70.

possession de *donner* la clef de saint Hubert aux chiens, c'est-à-dire de la leur appliquer au front, après l'avoir chauffée jusqu'au rouge[1]. » Loudun a même vu de notre temps une concurrence laïque au remède du sacristain. « Un taillandier s'est avisé d'entrer en concurrence en s'attribuant le droit de marquer les chiens. Il s'est donc fabriqué à lui-même une clef, et, pour cinquante centimes, il l'applique à chaud chaque fois qu'il en est requis. » Pour le public, c'est toujours une « clef de saint Hubert », et il paraît que les deux clefs, sacrée et profane, ont le même succès. — C'est encore une clef en forme de clef que l'on a trouvée à Arrières (Puy-de-Dôme). « Elle a été trouvée murée dans un vieux bâtiment, où l'on pense qu'elle avait été placée en 1793. Elle ne mesure pas moins de 0m,46 de longueur, sans doute afin de permettre d'approcher sans danger des animaux mordus[2]. »

Nous avons vu citer d'autres clefs de saint Hubert, mais sans qu'on en dise la forme ; par exemple, dans le Berry[3], en Champagne[4], en Bavière[5].

A Grœningen en Franconie (Wurtemberg), (le pays est pourtant protestant), il y a une clef de saint Hubert célèbre dans tout le pays[6]. On ne dit pas qu'elle vienne de Saint-Hubert d'Ardenne, car, d'après la légende locale, elle a une origine miraculeuse. Il y a longtemps, bien longtemps, on la trouva dans le creux d'un chêne avec un billet où était écrit en lettres d'or la manière de s'en servir. Ce billet est perdu depuis longtemps, mais cela ne fait point de tort à la clef; car, si on doutait de sa vertu, on serait regardé

1. Mgr Barbier de Montault, *loc. cit.*, p. 125.
2. Ambroise Tardieu, dans le *Bulletin monumental*, t. XLVIII (1882), p. 731.
3. Laisnel de la Salle, *Croy. et Lég. du Centre de la France*, t. I, p. 332.
4. Clef de Saint-Hubert au village de La Saussotte, près de Villeneuve (Aube), signalée dans Salverte, *Sciences occultes*, éd. de 1856, p. 326.
5. Panzer, *Beitrag zur deutschen Mythologie*, t. II, p. 206.
6. *Alemannia*, t. X (1882), p. 268 et suiv.

comme un impie et comme un ennemi de la religion. L'instrument a la forme d'une gouge. Il y a environ cinquante ans, l'autorité civile voulut mettre fin à l'emploi de « la clef de saint Hubert » et elle demanda qu'on lui livrât la clef. On lui remit une fausse clef, faite sur le modèle de la vraie. L'autorité s'aperçut de la fraude et emprisonna quelques jours plusieurs habitants de Grœningen ; mais rien n'y fit ; la clef resta cachée. Plus tard, après diverses aventures dont une assez comique (la clef était tombée dans le fumier), la clef reparut au jour et on recommença à s'en servir. On ne cautérise pas la morsure, mais on marque à la main gauche, au-dessous du pouce, la personne mordue, et les assistants disent un *Pater*. C'est le forgeron qui fait l'opération et reçoit pour cela un bon pourboire. On vient, ou du moins on venait de loin à Grœningen pour se faire marquer ; autrefois même on venait en chaise de poste chercher la clef à Grœningen pour marquer des hommes et des bestiaux.

Dans une abbaye du Jura, à Rozières, on avait deux croix de fer avec lesquelles, de temps immémorial, sans que l'on connût l'origine de la coutume, on marquait bêtes et gens mordus. Il n'existe plus aujourd'hui aucun vestige de ce monastère ; mais le fait nous est conservé dans un inventaire rédigé en 1714 par un prieur du couvent. Ici saint Denis est associé à saint Hubert.

La manière de marquer soit personnes, soit animaux mordus est telle : On fait chauffer la croix... en sorte qu'elle soit toute rouge ; après quoi le prêtre qui doit marquer prend une étole, qu'il met à son col sur ses habits propres, prend le coin convenable et en touche et brûle assez légèrement l'endroit où la personne aura été mordue et blessée en quelque part que ce soit (car si c'était en quelques partie honteuse, comme au derrière, la modestie veut qu'on marque telle personne en quelque place et lieu écartés où personne ne le voie). Le prêtre en marquant dit cette petite oraison : *per merita S. Dionisii et S. Huberti sanet te Dominus*... Pourquoi le patient mordu fait son offrande à sa dévotion, et va dire devant l'autel de saint Denis cinq *Pater* et cinq *Ave Maria* ou autres prières.

Si le prêtre marque des animaux, on leur bande les yeux pour ne pas les effaroucher ; il prend la croix simple qui n'a qu'un croison, il la fait bien chauffer et rougir pour en marquer et brûler non seulement le poil de la bête, mais même un peu la peau des bêtes mordues en disant l'oraison ci-dessus. Après quoi celui à qui appartiennent les bêtes fait son offrande et dira cinq *Pater* et cinq *Ave Maria*, à l'honneur des glorieux saint Denis et saint Hubert.

Si des troupeaux de bêtes avaient été mordus tous ou une grande partie, un religieux va à leur village, pour marquer leurs bêtes l'une après l'autre, ainsi que je l'ai vu pratiquer céans, et ensuite la communauté ou les échevins donnent en offrande quelque chose pour l'église ou donnent pour dire quelques messes [1].

On a signalé encore d'autres « clefs de saint Hubert » de formes qui ne sont ni celles d'une clef ni même celle d'un cône. A Liège, c'était un anneau ; à Utrecht, une croix de fer [2].

§ 11. — LA VÉRITABLE CLEF DE SAINT HUBERT

Il est vraisemblable que la clef en forme de cône (avec le signe du cor) a remplacé la clef en forme de clef à une époque relativement moderne, et de là lui est resté le nom de clef. Cette transformation s'est faite sans doute à l'époque où a triomphé et fait irruption dans l'hagiographie la légende qui faisait du saint un chasseur. La clef dont on s'était servi jusque-là devait être une clef de saint Pierre ; on verra plus loin que les clefs de saint Pierre ont en maint endroit le don de guérison et de préservation que nous avons trouvé aux clefs de saint Hubert. Justement saint Hubert avait reçu de saint Pierre une clef d'or. D'après la

---

1. *Académie des Sciences, etc.*, de Besançon, année 1880, p. 122.
2. P. Le Brun, *Hist. crit., etc.*, 2ᵉ éd., t. I, p. 431.

légende que nous avons rapportée plus haut, cette clef lui aurait été apportée du paradis par saint Pierre lui-même. D'après les écrivains qui rationalisent les légendes, c'est en signe d'estime que l'évêque de Liège aurait reçu du Saint-Siège cette clef qui est encore conservée dans le trésor de l'église de Sainte-Croix à Liège.

Le don le plus précieux, dit M. Demarteau, que faisait alors le pape aux rois ou aux grands évêques qu'il tenait à honorer d'une marque suprême d'estime, était celui d'une clef-reliquaire, dans la poignée ouvragée de laquelle on renfermait un fragment des chaînes de saint Pierre. Saint Grégoire le Grand, par exemple, avait envoyé une dizaine de clefs de cette sorte au roi des Wi-goths Récarède, au roi de France Childebert, au patriarche Anasthase, à l'évêque Colombus, etc. Les papes Vitalien, saint Grégoire III, saint Léon III, saint Grégoire VII l'imitèrent.... [1].

Ce serait donc un cadeau analogue à celui de la Rose d'or que le pape envoie de temps à autre aux princesses de notre temps.

Ces clefs sont originairement les clefs qui servaient à fermer les grilles ou *cataractæ* de la *confession*[2] de saint Pierre à Rome. On les donnait d'abord comme souvenir de pèlerinage à des personnes qui naturellement en fournissaient d'autres; plus tard, on en envoya en cadeau à de grands personnages, comme le dit M. Demarteau. Un passage des lettres de saint Grégoire le Grand [3] nous apprend qu'on distribuait aussi de la limaille des chaînes de saint Pierre dans de petites clefs d'or. Des textes assez nombreux de cette époque parlent de clefs de saint Pierre, sans qu'on

---

1. Demarteau, dissert. de 1877, p. 20 ; cf. dissert. de 1882, p. 10. — Voir aussi les passages des œuvres de Grégoire le Grand cités à la table des matières (s. v. *Claves*) du tome LXXVII de la *Patrologie latine* de Migne.

2. La langue ecclésiastique donne le nom de *confession* à l'autel élevé sur la tombe d'un martyr.

3. Epist. I, vii, 26. — Cité par Mgr Barbier de Montault, *loc. cit.* p. 50.

puisse distinguer s'il s'agit de clefs de grandeur naturelle ou de clefs minuscules simplement emblématiques. « On avait donc foi (dit Mgr Barbier de Montault), en ces clefs qui provenaient de Rome, soit qu'elles eussent servi à ouvrir et à fermer la *confession* de saint Pierre, soit qu'elles eussent été faites à l'imitation de celles-ci et remplies de limaille. Des unes et des autres se dégageait une vertu secrète qui motivait la confiance et augmentait la dévotion. »

La clef conservée à l'église de Sainte-Croix de Liège comme ayant appartenu à saint Hubert et qui donne une base matérielle à la légende, n'est ni une clef minuscule ni une clef d'or. Aussi, au XVIIe siècle, le R. P. Roberti, un des historiens de saint Hubert, ne crut-il pas à son authenticité : elle était « d'une matière et d'un travail trop grossiers pour croire qu'elle fût la même donnée à saint Hubert par le prince des apôtres ». Et le P. Roberti pensait que la véritable clef ayant disparu pendant les guerres ou les pillages, on l'aurait remplacée par celle que l'on montre aujourd'hui. Les écrivains modernes sont d'un autre avis : ils pensent, il est vrai, que la clef provient, non de saint Pierre, mais d'un successeur de saint Pierre, c'est-à-dire de « Pierre vivant en ses successeurs ». D'après M. Demarteau, « les archéologues n'hésitent pas à lui reconnaître le caractère de l'art du temps ». M. Demarteau en donne une image dans sa dissertation de 1877 [1].

---

1. M. Demarteau la décrit ainsi : « La clef de Saint-Hubert offre, de l'extrémité du manche à l'extrémité du panneton, une longueur de 37 centimètres. Son manche, creux et de forme ovale, en mesure un peu plus de 8 de diamètre : il est divisé, au milieu, par une bande horizontale qui en fait le tour et qui se trouve elle-même coupée verticalement par quatre autres bandes allant de l'anneau supérieur à la naissance de la tige. Des huit compartiments ainsi formés, les quatre d'en haut représentent chacun saint Pierre un livre à la main : les quatre d'en bas, la Majesté de Dieu ; sur les bandes, des figures d'animaux et de plantes, le tout grossièrement ajouré. Dans l'intérieur est enfermé un fragment mobile des chaînes du premier pape, parcelle de quatre millimètres ; on ne connaît plus que celle-là dans une clef de cette sorte. Le manche

Les petites clefs d'argent qu'on vend aux pieux pèlerins à Saint-Hubert d'Ardenne et qui sont faites pour être portées en breloques, ont aussi la forme de véritables clefs. On peut donc conclure avec Mgr Barbier de Montault : « La clef de saint Hubert dérive directement de celle de saint Pierre. A l'origine, le nom dut être le même, comme l'effet est identique, mais il changea par suite de la dévotion populaire qui, oubliant cette même provenance, ne songea plus qu'au saint qu'elle venait prier sur sa tombe [1]. « C'est sans doute une clef en forme de clef que le cône en fer a remplacé à une époque inconnue de nous ; peut-être aussi ce cône était-il un instrument de cautérisation inventé par un praticien anonyme ; car si on ignore à quelle époque la cautérisation au fer rouge a été appliquée aux morsures, cette époque est certainement le moyen âge. Le cornet terminal était alors une garantie d'authenticité, une marque de provenance : il témoignait que le fer provenait de saint Hubert et possédait une vertu surnaturelle, grâce à l'intercession spéciale de saint Hubert, patron des chasseurs.

§ 12. — EXCOMMUNICATION DES ENNEMIS DE SAINT HUBERT ET DE SON MONASTÈRE.

Malgré le respect dont les âges de foi entouraient saint Hubert, son couvent et son intercession, on jugeait utile d'ajouter à son autorité par les pénalités morales dont dispose l'Église. Et quand il s'agissait de redevances et ren-

---

seul accuse par sa matière, par sa couleur jaune vif due à l'alliage du laiton, et par son style de décadence, le siècle de saint Hubert ; la tige et le panneton, en cuivre pur, appartiennent à des réparations postérieures ; le caractère du crucifix placé au haut de cette tige, comme celui des figurines de la Vierge et de saint Jean derrière ce crucifix, autorisent à reporter la restauration de cette partie au XIIIe siècle ; le panneton semble avoir été renouvelé à une date encore plus rapprochée de nous. »

1. Mgr Barbier de Montault, *loc. cit.*, p. 67.

tes, les couvents ne négligeaient pas d'ajouter les sanctions spirituelles aux sanctions temporelles. L'auteur de l'ancienne *Vie* que nous avons déjà citée, a (p. 52 et suiv.) un chapitre intitulé : *Qu'il est dangereux d'offenser saint Hubert et ce qui lui appartient.* Il cite à ce propos l'excommunication « qu'un Doyen de Bastogne fulmine tous les ans et solennellement en présence d'un grand concours de peuples qui se rendent processionnellement le premier Dimanche de juillet en l'Eglise du Saint ». En voici les termes :

Par l'autorité du Saint Siège apostolique et en vertu des anciennes grâces, privilèges et concessions octroyées à l'Eglise et Monastère de Monsieur saint Hubert en Ardenne, Nous excommunions et dénonçons pour excommuniez tous ceux qui donnent empêchement et molestent à tous bons pèlerins venant en l'E[glise] de Monsieur saint Hubert pour y faire leurs devotions et y a[ppor]ter leurs offrandes.

De même autorité Nous excommunions tous ceux qui [f]ont trouble et violence aux bons marchands qui viennent aux f[oir]es et marchés de ce lieu de saint Hubert ; car tels perturbateu[rs] [du] repos public empêchent quantes et quantes le trafic, commer[ce] et commoditéz nécessaires à ce dévot lieu.

En après Nous excommunions et déclarons excomm[un]iez tous ceux et celles qui font fraude au payement des dimes, [c]ens, rentes, revenus, offrandes, fromages de Croix, ban-Croix, ou [q]uelconques autres redevances de ce devot lieu et Monastè[re] de Monsieur saint Hubert.

Et generalement tous ceux et celles qui ne s'acquittent [de]don Dieu et conscience du payement de toutes et chacune telles [re]levabletez, soient-elles d'obligation ancienne, ou par vœu no[uve]au et particulier.

Tous et chacun desquels défraudateurs Nous excommun[ion]s. comme sacrilègues de choses saintes ; les déclarons privez de[s sa]crifices, suffrages, prières et bienfaits qui se font en l'Egl[ise] [de] Dieu par tout le monde universel, et par special en l'Egl[is]e et Monastère de Monsieur saint Hubert.

Lesquels excommuniez étant ôtez de la main de Dieu, Communion des Saints et conversation des fideles, sont livrez en la main du diable et communion des reprouvez, en damnation perpétuelle, tant et si longuement, que contrits et repentants ils ayent satisfait et prêté restitution.

En ce signe d'anatheme et malédiction, Nous prononçons avec le prophète David : *Sicut fluit cera a facie ignis, sic pereant peccatores a facie Dei, amen, amen, amen*. C'est à dire : *Tout comme la cire s'écoule en la présence du feu : que les pécheurs perissent de même devant la face de Dieu, ainsi soit-il, ainsi soit-il, ainsi soit-il*. A quoi si l'on ajoute ce texte du Billet envoyé du Ciel : *Hic locus a Deo electus ad salutem animarum multarum : terra sancta est valde magnificanda, servorumque Dei patrimonium quod augebitur, et a Potestatibus protegetur ; varie tamen tribulabitur ; qui vero hunc locum vexaverit, sic in radice marcescat ut in ramis non florescat, aut ultrices ultionis æternæ pœnas sustineat*. C'est à dire : *Ce lieu choisi de Dieu pour le salut de beaucoup d'âmes, est une terre sainte, laquelle deviendra fort célèbre, c'est le patrimoine des serviteurs de Dieu, qui sera dans la suite beaucoup augmenté et protégé par les Puissances ; souffrira néanmoins plusieurs tribulations ; mais que celui qui molestera ce lieu, sèche tellement dans sa racine que les branches ne produisent pas de fleurs ou qu'il ressente la vengeance des peines éternelles*.

Ensuite duquel le Monastère de saint Hubert a été fondé, on y remarquera un autre fondement de se persuader que l'on ne le moleste pas impunément et que tant de châtiments visibles arrivez en divers temps à des personnes même de la première qualité qui avoient fait tort audit Monastère ou à ses dépendances en justifient la vérité. Mais ce ne sont pas les châtiments que l'on doit rechercher auprès des saints : il faut les invoquer dans les nécessitez, et tâcher de se rendre digne des effets de leur intercession en imitant leurs vertus pour joüir un jour de leur heureuse compagnie.

Ainsi-soit-il.

On remarquera dans ce texte la mention du « billet envoyé directement du ciel en manière de brevet au Monastère de Monsieur saint Hubert ». C'est le billet trouvé par Plectrade et expliqué par Bérégise (voir plus haut, p. 52). Ce billet n'est-il pas une de ces fictions monastiques imaginées pour augmenter l'autorité d'une abbaye ou d'une église ? Il s'en rencontre sans doute d'analogues dans l'histoire du moyen âge.

§ 13. — LA CONFRÉRIE DE SAINT-HUBERT.

« Les moyens recommandés à la piété des fidèles, dit M. Hallet, pour obtenir la préservation de la rage, sont : 1° l'entrée dans la confrérie de Saint-Hubert ; 2° l'usage des objets bénis. Nous avons vu le second, disons quelques mots du premier.

Cette confrérie est ancienne et elle a été enrichie de privilèges et d'indulgences par plusieurs papes. Mais elle devait sans doute sa vogue moins à ses privilèges qu'à la faveur de préserver ses membres de la rage. On s'y affiliait par familles et par paroisses et celles-ci, pour se mettre sous la protection du saint et avoir part aux prières des religieux, s'engageaient à payer une rente à Saint-Hubert. « De là est venue l'expression encore usitée *se faire arrenter*, qui signifie aujourd'hui : se faire inscrire dans la confrérie de Saint-Hubert [1]. » Et M. l'abbé Hallet dit : « Les anciens registres conservés à la Trésorerie, font foi que l'on n'inscrivait pas seulement les familles, mais aussi les paroisses et les communautés religieuses. Il est bien à désirer que l'on revienne à ce louable usage que la Révolution française a fait disparaître [2]. » L'inscription pour une famille entière, — et elle garde son efficacité même après la mort du chef de la famille, — ne consiste plus aujourd'hui nécessairement en une rente annuelle ; elle coûte « la modique somme de trois francs » une fois payée. On peut l'envoyer par la poste à M. l'aumônier de Saint-Hubert.

1. Bertrand, p. 68.
2. Hallet, p. 163.

§ 14. — LE PÈLERINAGE DE SAINT-HUBERT

Outre les pèlerinages individuels pour obtenir la Taille ou le Répit, il y a les pèlerinages collectifs entrepris dans un simple but d'édification par les fidèles de telle ou telle paroisse. Ces pèlerinages ont lieu dans le courant de l'été et chaque mois en voit arriver plusieurs. Pour qu'ils s'espacent régulièrement et s'accomplissent sans cohue ni presse, les curés des paroisses qui doivent pèleriner s'entendent avec celui de Saint-Hubert. On combine d'ordinaire le voyage de plusieurs paroisses, de façon à former un nombre de 1,500 à 2,000 pèlerins et obtenir des trains spéciaux de l'administration des chemins de fer. Ces pèlerinages se ressemblent sans doute tous : il nous suffira de décrire celui auquel nous avons assisté.

Il est neuf heures du matin : quelques voitures chargées dedans et dessus débarquent leurs voyageurs sur la place. Ce sont, parmi les pèlerins, ceux que leur état de santé ou leur fatigue a empêchés de faire à pied le trajet depuis la station de Poix (il y a 7 kilomètres). Bientôt après, un cortège se prépare à Saint-Hubert : en tête, le suisse en uniforme flambant de rouge; six prêtres en surplis, puis une fanfare, composée d'une trentaine de cuivres. On va, à l'entrée de la ville, recevoir la procession des pèlerins, qui arrivent groupés par paroisses et leur curé en tête. Des écriteaux portés au bout de perches indiquent les noms des paroisses : c'est une revue de la Belgique catholique. On se rend processionnellement à l'église (l'église abbatiale). Là, un prêtre monte en chaire et souhaite la bienvenue aux pèlerins : « Si saint Hubert accorde ses bienfaits à ceux qui ne font que quelques pas pour venir le prier dans son sanctuaire, que sera-ce donc de vous, qui venez de loin? Ah! certes, vous obtiendrez de grandes grâces et de grandes bénédictions après un voyage long et dispendieux!

Mais vous êtes fatigués; vous allez vous disperser pour prendre quelques rafraîchissements; nous nous retrouverons tout à l'heure à la grand'messe. Vous vous procurerez des objets de piété que nous vous bénirons. S'il y en a parmi vous qui veulent s'approcher de la sainte table, ils peuvent recevoir la communion dans cette chapelle... »

La grand'messe se dit avec les éclats intermittents de la fanfare. Des âmes délicatement pieuses pourraient préférer une musique plus discrète et des morceaux plus doux : une marche guerrière au moment de l'élévation nous paraît dire peu de chose à l'âme. Mais ce que le populaire apprécie dans la musique, c'est le bruit, c'est l'excitation et l'étourdissement de ses nerfs auditifs; une fanfare est le fil-en-quatre de la musique : c'est ce qu'il faut à son goût. « Il y a un âge, dit quelque part Veuillot (*Çà et Là*, liv. XVI), où le bruit plaît plus que la musique, et l'acidité des fruits verts plus que la saveur des fruits mûrs. » Le peuple, qui est un enfant, est toujours à cet âge.

Le sermon est naturellement en l'honneur de saint Hubert, et l'orateur termine en tirant la moralité de la célèbre conversion devant le cerf miraculeux : « Ce doit être là notre modèle... Sans doute, nous sommes déjà des chrétiens, mais que n'avons-nous pas encore à faire pour remplir nos devoirs de chrétien? Convertissons-nous, montrons-nous chrétiens dans notre vie et dans nos actes... » Puis, levant les bras au ciel, l'orateur termine par une prosopopée éloquente au saint, et à ce moment les pèlerins ont dû certainement sentir saint Hubert planer au-dessus de leurs têtes : « Grand saint Hubert, voyez cette foule de pèlerins... Protégez-les! exaucez-les dans leurs prières, non pas seulement pour leur bien spirituel, mais aussi pour leur bien temporel! Soyez leur interprète et leur intercesseur!... Grand saint Hubert, laissez-vous toucher par nos incessantes prières; permettez que nous retrouvions un jour vos restes glorieux ! Ils sont ici, nous le savons; guidez une main chrétienne vers l'endroit secret... Ah! ce jour-là, nous organiserons un grand pèlerinage... »

La messe est finie, la foule se disperse, il faut déjeuner, car la nourriture spirituelle ne suffit pas à sustenter le corps. Mais c'est un pèlerinage sérieux, un pèlerinage de croyants sur lesquels la religion exerce un empire moral; ils sont venus pour le saint sous la conduite de leurs curés et non pour une fête profane : ce n'est pas chez eux qu'on trouverait des excès d'intempérance comme parfois aux *pardons* de la Basse-Bretagne. L'après-midi, après le déjeuner et avant le départ, l'église est encore remplie de pieux visiteurs. Tout à coup un grand mouvement se fait. Quelques hommes se fraient avec peine un passage à travers la foule : ils portent un homme garrotté. — Qu'est cela? — C'est un homme qui a l'esprit troublé ; on va lui lire l'évangile de saint Hubert. — On le porte dans la sacristie ; quelque temps après, on voit le fou sortir de l'église au bras de ses amis, muet, étonné, le regard étrange. La cérémonie dont il a été l'objet a produit son impression sur une âme restée croyante jusque dans les ténèbres de la folie. L'exorcisme a amené quelque calme.

A partir de trois heures, les pèlerins commencent à s'acheminer vers Poix, où leurs trains spéciaux les attendent. A cinq heures, la ville de Saint-Hubert est vide. Les pèlerins étaient passés! Avec les facilités que donnent les chemins de fer, un pèlerinage peut se faire aujourd'hui en un jour, et le chemin du ciel est bien aplani.

Autrefois une confrérie de Liége partait, les jours de la Pentecôte, à cinq heures du matin, de l'église de Sainte-Croix à Liége, pour les Ardennes. « Les deux maîtres et les autres officiers (disait le règlement de la confrérie) devront faire le voyage à leurs frais; ils empêcheront les désordres, crieries, clameurs et friponneries; ils auront soin qu'on se comporte chrétiennement en un pèlerinage si important... Les maîtres auront soin de faire la quête dans la ville et parmi les pays pour faire une offrande au grand saint Hubert, aux Ardennes[1]. Cette procession en pèlerinage à saint Hubert a été interdite en 1785 par Joseph II. Mais le peuple restait fidèle à ses vieilles dévotions; aussi, nous dit le même écrivain, M. Hock, « en 1793, quand les apôtres de la Raison déclaraient qu'ils ne croyaient ni à Dieu ni au diable, les gens du peuple les laissaient dire; mais quand ils s'en prirent à saint Hubert, on faillit leur faire un mauvais parti. »

§ 14. — LA FÊTE DE SAINT HUBERT ET LA MESSE DES CHIENS.

La fête de saint Hubert — c'est le 3 novembre — est depuis longtemps la fête des chasseurs des Ardennes. La vie du saint, qui date du xi° siècle, nous montre déjà les chasseurs ardennais apportant au saint, comme prémices, la chasse de leur premier jour, et lui offrant plus tard la dixième partie du gibier qu'ils ont pris[2]. De pieuses histoires de miracles rappelaient à leur devoir envers le saint les chasseurs qui eussent été tentés de l'oublier. Deux chasseurs avaient fait vœu de lui offrir le premier animal qu'ils prendraient. « Presque aussitôt leurs chiens lançaient un sanglier d'une taille énorme. Après quelques-unes des ruses habituelles à ses pareils, le sanglier conduisit la meute auprès du monastère et s'arrêta comme s'il avait voulu se livrer volontairement. Le chef des veneurs, émerveillé de la grosseur de l'animal, au lieu d'exécuter la promesse qui avait été faite de l'offrir à saint Hubert, donna à haute voix l'ordre de l'emporter. On vit alors le sanglier, comme s'il avait été indigné d'être soustrait à sa pieuse destination, se relever, passer entre les chiens, et disparaître aux yeux des chasseurs confus[3]. »

---

1. A. Hock, Œuvres complètes, t. III (Croyances et remèdes populaires du pays de Liège), p. 147.
2. Voir plus haut, p. 41.
3. Mabillon, Acta SS. ord. S. Benedicti, iv° siècle, I° partie, p. 304.

Le 3 novembre n'est plus une fête de chasse à Saint-Hubert-d'Ardenne, ce n'est plus qu'une fête de dévotion. A peine y a-t-il plus de monde qu'à l'ordinaire pour suivre la procession qui se fait ce jour-là. Mais encore dans le courant de ce siècle, quand le roi Léopold Ier allait à son château d'Ardenne fêter la Saint-Hubert, la bénédiction solennelle de la chasse avait encore lieu à l'église de Saint-Hubert-d'Ardenne. On a conservé le souvenir des anciennes fêtes :

A Saint Hubert, la belle église du saint patron des chasseurs était autrefois un véritable rendez-vous des chasseurs de tous les pays. Dès trois heures du matin, les trompes sonnaient le réveil et à l'instant chasseurs et piqueurs, gardes et braconniers se mettaient en route avec leurs chiens pour assister à la messe solennelle qui se célébrait aux flambeaux. Les trompes sonnaient lors de la consécration et pendant la bénédiction que le prêtre donnait après la messe, à la porte de l'Église, aux seigneurs, châtelains en grand costume, aux dames en toilette de Diane chasseresse, aux piqueurs, à toute la haute et petite vénerie jusqu'aux chiens. Puis le plus jeune chasseur faisait la quête, à laquelle ordinairement un nid de grives placé dans le pavillon de sa trompe lui servait de plateau. La quête faite, tous s'empressaient d'entrer en chasse [1].

Cette invocation à saint Hubert, en cette circonstance, rappelle le sacrifice à Diane avant la chasse, scène qui se trouve représentée avec une des plus belles mosaïques gallo-romaines de France, celle de Lillebonne, en Normandie [2].

Nous savons par les écrivains grecs que les Gaulois étaient de grands chasseurs et des dévots de la chasse.

1. Reinsberg-Düringsfeld, *Traditions et légendes de la Belgique*, t. II, p. 253.
2. La mosaïque de Lillebonne a été reproduite en deux endroits; 1° dans les *Mém. de la Soc. des Ant. de Normandie*, t. XXVIII (1873), avec un article de M. Châtel; 2° dans la *Gazette Archéologique* de 1885, article de M. Babelon. — M. l'abbé Cochet en avait précédemment parlé dans la *Revue Archéologique*, nouv. sér., t. XXI. p. 332-338. — Cette mosaïque se trouve aujourd'hui au musée de Rouen.

Arrien, qui dans son *Cynégétique*, parle souvent des usages de chasse des Gaulois et vante les qualités de leurs chiens de chasse, donne de curieux détails à cet égard :

Il y a des Gaulois qui ont usage d'offrir chaque année un sacrifice à Diane. Il y en a d'autres qui organisent une *cagnotte* : pour un lièvre, on y met deux oboles, pour un renard, une drachme (car c'est un animal malfaisant et dangereux pour les lièvres, et on paie pour lui comme pour un ennemi tué), pour un chevreuil, quatre drachmes (car c'est une bête plus grande et elle fait plus d'honneur à celui qui l'a prise). Quand l'année est finie et qu'arrive l'anniversaire de Diane, on ouvre la tirelire et avec l'argent on achète une victime : les uns un mouton, les autres une chèvre, quelques-uns même un veau, quand il y a assez d'argent pour cela. Alors, après avoir accompli la cérémonie religieuse et avoir offert à Diane chasseresse la première des victimes, les chasseurs se réunissent dans un banquet, eux et leurs chiens, et ils mettent ce jour-là des colliers de fleurs à leurs chiens [1].

Arrien ajoute que lui et ses amis suivent l'usage des chasseurs gaulois, car rien ne peut réussir aux hommes sans l'appui des dieux. « Aussi, ajoute-t-il, ceux qui s'adonnent à la chasse ne doivent négliger Diane chasseresse, pas plus qu'Apollon et Pan, et les Nymphes, et Mercure qui règne et veille sur les chemins, et aussi toutes les divinités des montagnes : car si on ne s'acquitte pas de ces dévotions, on ne peut espérer bonne chance : les chiens se blessent, les chevaux sont fourbus et les chasseurs reviennent bredouille. » Xénophon, dans son *Traité sur la chasse* (V, 1), parle aussi des prières qu'on adresse à Apollon et à Diane et de l'usage de leur offrir les prémices de la chasse.

L'Ardenne connaissait certainement une fête de ce genre pour l'inauguration de la chasse, et cette fête, en l'honneur de Diane — ou de Dianus — est celle-là même qui, de l'Ardenne, s'est répandue dans les pays voisins, sous le nom de « Messe de Saint-Hubert, » ou encore d'un nom

---

1. Arrien, *Cynég.*, ch. XXXIII.

plus populaire : « Messe des chiens. » La « Messe des chiens » de Chantilly est restée célèbre :

La chapelle était parée comme aux grands jours ; des fleurs étaient répandues sur les saintes dalles ; des fleurs jonchaient le chenil du château. Le plus vieux gentilhomme, monté sur le plus vieux cheval, suivi du plus vieux chien, accompagné du plus vieux piqueur, ouvrait la marche des chiens se rendant à la messe.

Venaient d'abord les grands dignitaires du chenil, le ban et l'arrière-ban des bull-dogs d'Allemagne, à la tête ronde, aux oreilles coupées, au collier hérissé de pointes de fer ;

Suivaient les grands lévriers à poil ras, aux jambes nerveuses, au ventre avalé, au museau de fouine ;

Puis toutes les variétés de lévriers : à poil long ; métis d'épagneuls ; charmaigres, qui bondissent ; harpés, sans ventre ; lévriers nobles, aux râbles larges ; lévriers œuvrés, au palais noir, etc. ;

En sixième ordre, la députation des braques, grande gravité d'oreilles ;

Puis les limiers, puis les bassets, la terreur des blaireaux, et qui répondent au cri de : « Coule, coule, basset ! »

Après se pressaient les chiens courants de race royale, ou chiens français ;

Puis les baubis, bigles, chiens trouveurs, batteurs, babillants, corneaux, clabauds, chiens de tête et d'entreprise ;

Enfin, la populace des chiens.

Introduits dans le même ordre au centre de la chapelle, on les rangeait devant le tableau de saint Hubert, et la messe commençait.

Rien n'était omis dans la liturgie et, la sainte cérémonie terminée, l'aumônier montait en chaire et prononçait un panégyrique du grand saint de la chasse.

On priait le ciel d'éloigner des chiens les maladies, les morsures des serpents, les piqûres des plantes vénéneuses, les blessures du sanglier, et surtout de les préserver de la rage [1].

Cette messe solennelle était celle de la fête de saint Hubert. Mais on pouvait, à d'autres époques de l'année,

---

[1]. *Bulletin de la Société protectrice des animaux*, t. X, 1864, p. 358.

faire dire des messes spéciales pour les chiens. Voici deux passages des comptes de la vénerie du roi Charles VI, qui montrent que c'était chose ordinaire au moyen âge :

A Robbin Raffon pour argent à lui payé et baillé dont il a fait chanter une messe pour lesdits chiens limiers et levriers devant saint Mesmin. Et pour faire offrende de cire et d'argents pour lesdits chiens, pour doubte de mal de rage, le 28 de novembre 1390, 20 s. p. (20 sous payés).

Et l'année suivante :

Au même... pour avoir mené tous lesdits chiens estant audit séjour, en pèlerinage à saint Memet et illec avoir fait chanter une messe pour lesdits chiens, avances pour offrir chandelles devant ledit saint, pour doubte de mal de rage, le 22° jour de mars 1391, 20 s. p.[1].

La « Messe des chiens » n'est pas pour nous surprendre, lorsqu'en de nombreux endroits on célébrait, le 17 janvier, la « Messe des cochons, » en l'honneur de saint Antoine. « On représente saint Antoine avec un cochon, dit Molanus, pour que le peuple sache que ces animaux sont préservés de tout mal par l'intercession du saint [2] ». Ainsi on invoquait « le grand saint Antoine » en châtrant les chevaux, les ânes et les porcs. Le rite du 17 janvier se pratiquait à Rome même. Cela se passait à l'église de Saint-Antoine-Abbé (ancien chapitre de couvent supprimé), devenue, depuis 1873, succursale de Sainte-Marie-Majeure. Cette église a été expropriée en 1877 par le gouvernement italien pour être démolie. « Un détail pittoresque a rendu célèbre ce petit temple. C'est là que, sous le gouvernement papal, le 17 janvier, fête de saint Antoine, on conduisait les chevaux, les ânes, parfois les porcs, pour

---

1. Textes cités dans Victor Gay, *Glossaire archéologique du Moyen Age et de la Renaissance* p. 370 (s. v. *Chien*).
2. Molanus, *de Historia SS. imaginum et picturarum*, ed. Paquot. p. 249.

les faire bénir. Un prêtre, le goupillon à la main, se tenait sur le seuil, et, d'un air doux, aspergeait toutes ces bêtes innocentes [1]. »

Nous nous bornons à cet exemple, parce qu'il y aurait trop à dire sur les saints patrons d'animaux. M. l'abbé Bertrand nous donne l'explication théologique de ces pratiques : « Nous ferons observer que ce n'est pas abuser de la prière que de demander à Dieu de préserver les animaux de la rage, afin d'éloigner aussi ce fléau des hommes. Il n'est pas indigne de Dieu de créer des animaux et de les conserver pour le service des hommes : pourquoi serait-il indigne de lui de les conserver en les guérissant, et de lui attribuer ces guérisons et ces préservations merveilleuses ? Et si Dieu ne trouve pas indigne de sa majesté de bénir lui-même les animaux, *aperis tu manum tuam et imples omne animal benedictione* (Ps. CXLIV) ; pourquoi ne pouvons-nous pas bénir en son nom les aliments que nous leur donnons, aussi bien que ceux que nous prenons [2] ? »

On pourrait sans doute citer bien des exemples de messes de Saint-Hubert, dites pour préserver les animaux de la rage. Deux suffisent à établir la popularité de l'usage : « A Altroff (dans une partie de la Lorraine aujourd'hui annexée à l'Allemagne), le jour de Saint Hubert, fête de la paroisse, les habitants font bénir l'avoine dont ils donnent à manger à leurs bestiaux pour les préserver de la rage. Des personnes des villages voisins viennent y faire bénir du pain qu'elles ont soin de distribuer à tous les membres de la famille [3]. » — « En Bretagne, le jour de la Saint-Hubert, après la messe, le prêtre bénissait le pain des veneurs, qui devait pendant l'année préserver le chenil du fléau de la rage [4]. »

1. Lettres d'Italie du journal le *Temps*, n° du 29 octobre 1877.
2. Bertrand, *op. cit.*, p. 189.
3. A. Lepage, dans le *Bull. de la Soc. d'Archéol. Lorraine*, Nancy, 1849. — Cité dans Rolland, *Faune populaire*, t. IV, p. 80.
4. La *Chasse illustrée* du 16 nov. 1872. — Cité par Rolland, *ibid*.

L'usage des pains ou des gâteaux bénits le 3 novembre en l'honneur de saint Hubert, sorte de communion dont les animaux ont leur part pour être préservés de la rage, s'est conservé en Belgique plus fidèlement qu'ailleurs, à la fois parce que saint Hubert est un saint national et parce que la croyante Belgique reste attachée à ses usages.

Une coutume très répandue en Belgique est de manger le jour de saint Hubert du pain bénit, afin de se préserver de la rage.

Dans les villages des Flandres, du Brabant et de la Campine, chaque famille envoie à l'église un pain ou un morceau de pain pour le faire bénir et chacun reste à jeun jusqu'à ce que la personne qui est allée à la messe soit revenue avec le pain bénit. Alors on en mange un petit morceau avant de déjeuner et après un *Pater* et un *Ave* dits dévotement. Les animaux en reçoivent également une petite portion dans leur nourriture, pour participer ainsi à l'influence salutaire de ce pain.

Dans le pays de Limbourg on achète, la messe finie, du bedeau de l'église, de petits pains noirs bénits que l'on appelle *Sint-Huberts broodjens* (petits pains de saint Hubert), que l'on donne à manger à tous les animaux domestiques. Quelquefois les personnes de la maison en mangent aussi.

Dans les villes, on achète ce jour à la porte de l'église de petits pains mollets qui s'appellent aussi *Sint-Huberts broodjens* et qui se mangent à jeun. A Malines, ces pains portent l'empreinte d'un cor.

Dans les pays wallon, chacun apporte un pain de cuisine à l'église, et au moment que se donne la bénédiction, tous les bras se lèvent en tenant haut le pain. Puis, même pratique qu'ailleurs [1].

Des pratiques de ce genre se font même dans le courant de l'année (en dehors de la fête du saint), quand on veut préserver ses animaux de la rage. « L'été dernier, une de mes connaissances est allée à Sainte-Croix (l'église de Liège) avec son caniche, on y brûlait de petits ronds sur les têtes des chiens. On donne cinquante centimes, on fait une

---

1. Reinsberg-Düringsfeld, t. II, p. 255.

neuvaine pour sa bête, puis on lui fait manger du pain qu'on a fait bénir¹. » On voit qu'ici la marque au front de l'animal avec un fer rouge, est remplacée par un procédé moins douloureux.

Avant de quitter les pratiques chrétiennes, mentionnons ce fait, quoi qu'il soit sans rapport avec le culte de saint Hubert, qu'en Allemagne, dans le Lanenbourg, pour garantir les jeunes chiens des puces, on leur suspend au cou une croix faite en bois de nerprun².

§ 15. — LE CULTE DE SAINT HUBERT.

Comme on peut le penser, le culte de saint Hubert est fort répandu en Belgique. « Soixante et onze églises sont dédiées à cet apôtre des Ardennes ; nombre de confréries sont érigées sous son invocation ; plusieurs métiers l'honorent comme leur patron³. » Nous ignorons si un relevé de ce genre a été fait pour les pays voisins ; en tout cas, nous avons rencontré dans nos lectures plus d'un témoignage de la vivacité du culte de saint Hubert dans le grand-duché de Luxembourg et dans l'Allemagne rhénane. Dans le grand-duché de Luxembourg, à Hassel, le prêtre bénit le 3 novembre le sel, le pain et l'avoine, qui préservent de la rage⁴. — Près de Junglinster, il y avait un étang, aujourd'hui desséché, qu'on appelle l'étang de Saint-Hubert (le nom est resté à l'endroit) ; on y faisait entrer les bestiaux mordus et ils étaient guéris⁵ ; — A Bürden, une chapelle est élevée à saint Hubert par la reconnaissance d'une personne sauvée d'un chien enragé par l'invocation de son nom⁶. — A Cologne et en quelques autres lieux du pays

---

1. A. Hock. *op. cit.*, p. 145.
2. Wuttke, *de Deutscher Volksaberglaube*, 2ᵉ éd., p. 407.
3. Reinsberg-Düringsfeld, II, 240.
4. Ed. de la Fontaine, *Luxemburger Sitten und Bræuche*, p 78.
5. Gredt, *Sagenschatz des Luxemburger Landes*, p. 21.
6. Gredt, p. 504.

rhénan, le jour de la fête du saint on porte de petites courroies de cuir blanc moucheté de rouge, et même certaines personnes les portent (ou du moins les portaient) d'une façon permanente, comme les préservant des animaux enragés[1]. Nous ignorons l'histoire et la raison d'être de cet usage.

Pour la France, nous n'avons de renseignements que sur la Picardie, grâce à un livre de M. l'abbé Corblet : « Saint Hubert est le titulaire des églises de Brassy et d'Escarbotin. Chapelle isolée à Vergy ; jadis, à Canaples. On invoque saint Hubert contre la rage : il est spécialement honoré dans les environs de la forêt de Crécy. La confrérie de Gamaches, le pèlerinage à Royaucourt (ancien doyenné de Montdidier), ont disparu, ainsi que diverses pratiques superstitieuses ; mais il y a toujours pèlerinage et confrérie à Vron et à Couchy : « Les confrères, m'écrit le curé « de cette dernière paroisse, ont une très grande confiance « en saint Hubert, parce qu'ils remarquent que le pays a « toujours été préservé des accidents causés par la rage. » Une dépendance de Senlie porte le nom de Saint-Hubert. On conservait à la cathédrale (d'Amiens) un cornet de saint Hubert, et quelques-unes de ses reliques aux Cordeliers de Montdidier[2]. » Il y a en France plusieurs localités du nom de Saint-Hubert. — Notons au point de vue de la distance à laquelle a rayonné le culte de saint Hubert, que, dans un registre du XVIe siècle, provenant de la famille de Dienne et conservé dans les archives départementales du Cantal, se trouve un *Officium sancti Huberti*. Il ne contient, du reste, rien de caractéristique. Le même registre contient une liste de reliques en la possession de cette famille et elle se termine ainsi : « item du pain saint Hubert ».

La dévotion au saint est propagée et entretenue par de nombreux livres, placards et images que le colportage ré-

---

1. J. W. Wolf, *Beiträge zur deutschen Mythologie*, t. I, p. 146.
2. Corblet, *Hagiographie du diocèse d'Amiens*, t. IV, p. 319.

pandait et répand encore en quelques endroits à travers la Belgique, la France et l'Allemagne. Nous avons déjà cité plus haut les placards distribués par les « quêteurs » de saint Hubert : de petits livres devaient aussi se trouver dans leur balle. M. Charles Nisard, dans son *Histoire des Livres populaires*, cite (t. II, pag. 155-160) plusieurs vies populaires de saint Hubert[1]. L'imprimerie Pellerin, à Épinal, qui travaille spécialement pour le colportage, imprime encore : *La vie du grand saint Hubert, fondateur et patron de la ville de Liège et des Ardennes, suivie de plusieurs cantiques*, 23 pag. in-18. Cette brochure donne la version *ancienne* de la neuvaine de saint Hubert, caractérisée par la confession et la communion neuf jours consécutifs, ce qui montre que le livre est réimprimé par tradition, sans qu'on se préoccupe de le tenir au courant, et ce qui fait voir encore que les relations entre la France et le pèlerinage d'Ardenne sont bien relâchées. La même maison publie également une *Clef du Paradis, avec les révélations faites par la bouche de Notre-Seigneur Jésus-Christ à sainte Elisabeth, à sainte Melchide et à sainte Brigide*; sur la couverture est représentée une clef avec ces mots : « La clef d'or, pour ouvrir infailliblement le ciel. » Eh bien ! cette « clef » contient, à la dernière page, une « oraison jaculatoire à saint Hubert, patron des Ardennes. » Cette oraison rappelle l'histoire de l'étole apportée par un ange de la part de la Vierge Marie, et elle est accompagnée de cette mention de l'éditeur : « Ceux ou celles qui réciteront dévotement cette oraison, nul mal ne leur arrivera, moyennant la grâce de Dieu[2]. » La même librairie Pellerin pu-

---

1. M. Nisard reproduit une image provenant d'une de ces vies populaires de notre saint. On en trouvera une autre dans Champfleury, *Histoire de l'imagerie populaire*, p. xxxix.

2. Par une citation de P. Parfait, *l'Arsenal de la dévotion*, p. 290, nous voyons qu'une oraison analogue se trouve dans une *Vie du grand saint Hubert* publiée autrefois à Paris chez Moronval. La formule

blie aussi de grandes images enluminées, représentant saint Hubert (le plus souvent c'est le miracle du cerf), avec un cantique en l'honneur du saint. Ces images, aux couleurs éclatantes, vont décorer les murs des chaumières. Les autres imageries populaires d'Épinal, de Metz et de Wissembourg, produisent aussi des images du saint. — Il existe de semblables publications dans l'Allemagne rhénane : elles doivent être encore plus nombreuses en Belgique [1].

Il n'entre pas dans notre plan de traiter l'iconographie historique du saint. Le saint a été souvent représenté dans l'art religieux, et il nous suffira de renvoyer aux ouvrages spéciaux [2]. Le peintre français contemporain Paul Baudry, a fait encore du miracle du cerf le sujet d'un tableau destiné au château de Chantilly. Une statue du saint mérite pourtant une mention particulière. « On voit au fort de la Latte, à Plévenon (département des Côtes-du-Nord), une vieille tour surmontée d'un donjon, et à côté de cette tour une petite statue de saint Hubert, au pied de laquelle se rendent les chiens enragés de tous les points du pays, au dire des antiques croyances du pays [3]. » Cette statue pro-

finale est la même, sauf que « moyennant la grâce de Dieu » est remplacé par : « s'il plaît à Dieu », ce qui est aussi modeste et aussi prudent.

1. Nous avons entre les mains deux éditions différentes d'une vie populaire du saint, imprimée à Namur : — un *appel à la prière pour retrouver le corps de saint Hubert* avec indulgence et *imprimatur* épiscopal ; — une vie en allemand, imprimée à Saint-Vith (elle contient la version ancienne de la neuvaine). — Les philologues de l'avenir s'amuseront peut-être à faire des études sur les « familles » et les « variantes » de ces différentes vies.

2. Voir notamment : Guénebault, *Dictionnaire d'iconographie* (Coll. Migne), col. 279 ; De Douhet, *Dictionnaire des légendes du christianisme* (coll. Migne), col. 583 ; *Bulletin monumental*, t. XX, p. 183 ; Corblet, *Hagiographie du diocèse d'Amiens*, t. IV, p. 320.

3. Ogée, *Dict. hist. et géog. de la province de Bretagne*. — Renseignement reproduit par A. Joanne, dans son *Itinéraire de la Bretagne* et dans son *Dictionnaire des communes*, s. v. Plévenon.

vient de l'ancienne chapelle du château de La Latte, et voici comment M. Ad. Orain, fort versé dans les légendes de ce pays, nous explique cette tradition sur les chiens enragés :

Le fort de La Latte se trouve sur une falaise, dans un lieu extrêmement désert au coin d'une grande lande. Les chiens errants ou égarés qui s'engagent dans le cap Fréhel ne trouvant pas d'issue, se rapprochent naturellement des forts, les seules habitations de cet endroit. L'on a conclu de là que les malheureux animaux étaient atteints de la rage et venaient demander à saint Hubert de les guérir. — Saint Hubert et saint Eustache, célèbres chasseurs, sont en très grande vénération dans la haute Bretagne, pays de chasse par excellence ; mais je n'ai jamais entendu dire, ailleurs qu'à Plévenon, que saint Hubert fût invoqué contre la rage.

§ 16. LES ORDRES ET CONFRÉRIES DE SAINT-HUBERT.

Plusieurs ordres de chevalerie et de nombreuses « confréries » ou sociétés de chasseurs se sont placés sous l'invocation de ce saint, et ces ordres ne sont pas tous éteints. Récemment, les journaux, en racontant les obsèques du roi Louis II de Bavière et en décrivant le corps du monarque sur son lit de parade, disaient : « Il est revêtu du riche costume espagnol, noir avec garniture de dentelles, de chevalier de Saint-Hubert. Il a le collier de grand-maître de l'ordre autour du cou. »

Cet ordre, qui est le premier du royaume de Bavière, ne se confère en général qu'aux souverains et à leurs parents ; il est la continuation d'un ordre fondé en 1444 par Gerhard V, duc de Juliers et Berg, en mémoire d'une victoire remportée le jour de saint Hubert sur Arnold d'Egmont [1].

---

1. Voir l'ouvrage illustré de Knussert sur les décorations bavaroises et un article de Wurdinger dans les *Abhand. der K. Bayr. Akad. d. Wiss.*, III Cl., t. XV, 2ᵉ partie. — Dans les statuts de cet ordre (*Cons-*

— Un autre ordre de Saint-Hubert est une association de seigneurs du Barrois, fondée au xv⁰ siècle par le cardinal Louis de Bar pour maintenir l'ordre et la paix dans le duché, et mise sous la protection de saint Hubert ; et à ce titre, ses membres avaient le privilège de chasser au lévrier la veille de la Saint-Hubert. L'ordre subsista jusqu'à la Révolution ; mais, par suite de la transformation de la société, l'ordre avait depuis longtemps perdu son rôle de gardien de la paix publique, et n'était plus qu'une association composée de personnes choisies, ce qu'on appellerait aujourd'hui un cercle ou un *club*[1].

M. l'abbé Bertrand[2], et après lui M. Reinsberg-Düringsfeld[3], parlent, d'une façon peu claire, d'ordres de Saint-Hubert, qui sont sans doute ceux dont nous venons de résumer l'histoire et la destinée.

Les sociétés mondaines des chasseurs qui s'intitulaient « Confrères de saint Hubert, » ont dû être assez nombreuses. On en signale une, fondée à Louvain en 1701, et dont les règlements sont une véritable constitution de la chasse[4]. Nous ignorons s'il y en a encore : la chasse est complètement laïcisée ; cela n'empêche pas que bien des gens ne croient faire du beau langage en appelant un chasseur « un disciple de saint Hubert. »

Il y eut aussi des confréries de Saint-Hubert, fondées dans une intention de piété sans aucun rapport avec la chasse. Ainsi dans la collection des estampes de la Bibliothèque Nationale de Paris, se trouvent plusieurs gravures

---

titutiones ordinis equestris Divo Huberto sacri, denuo edita anno 1800), le saint est curieusement appelé *gloriosus sacrosanctæ Ecclesiæ Mareschallus*.

1. Voir *Notice historique sur l'ordre de Saint-Hubert et du duché de Bar* (anonyme), 12 p. in-8, Angers (imp. P. Lachèse, etc.) 1868.
2. *Op. cit.*, p. 73.
3. *Op. cit.*, II, 248.
4. Reinsberg-Düringsfeld, II, 251.
5. *Livre des Confréries*, t. VIII.

qui paraissent avoir été comme les diplômes d'associations de ce genre³. L'une rappelle la « feste et Confrairie de Saint-Hubert et Saint-Eloy. » Et cette confrérie se compose « des maitres Fondeurs en terre et sable, Sonnetiers, Bonetiers, Sizeleurs et faiseurs d'instruments de mathématique de la ville et faubourg de Paris, érigée en l'Eglise Saint-Julien des Ménétriers, Rüe Saint-Martin, en 1445. » La gravure, faite en 1699, « du denier de la communauté, » représente d'un côté saint Hubert devant le cerf et de l'autre saint Éloi, le marteau à la main. Une autre gravure provient de « la Confrairie de saint Hubert, évêque et confesseur, érigée en sa chapelle fondée en l'église paroissiale de Saint-Roch, 1723. »

CHAPITRE QUATRIÈME

LA CAUTÉRISATION SACRÉE

CHAPITRE QUATRIÈME

LA CAUTÉRISATION SACRÉE.

On ignore à quelle époque la cautérisation au fer rouge a été appliquée aux morsures faites par les animaux enragés. Les médecins de l'antiquité classique n'en parlent point parmi les remèdes de la rage et, pour notre compte, nous ignorons ce que disent les médecins arabes. C'est pendant le moyen âge que ce procédé fait son apparition, non pas que la cautérisation soit employée comme un remède par elle-même ; elle apparaît mélangée à la religion dans l'emploi de fers sacrés, le plus souvent des clefs, dont on attribuait la vertu à un saint ou à une autre intervention surnaturelle. Sans doute, à l'origine, on appliquait à la blessure même le fer rougi au feu ; puis, comme on ne se rendait pas compte généralement de la vertu *naturelle* du fer rouge, on se contenta de marquer une autre partie du corps, surtout le front ; enfin, on se contenta de toucher avec le fer sacré non chauffé. Les médecins intelligents ne se trompaient pas en distinguant dans ce traitement l'élément naturel et l'élément surnaturel. Dans les premières années du xviie siècle, un médecin allemand, G. Horst, dit expressément : « C'est une superstition de croire que la guérison vienne de la vertu de la clef ; elle vient de la cautérisation[1]. »

1. G. Horstii *Centuria problematum medicorum*, Wittabergæ, 1610, p. 306. — Le chapitre est intitulé : « An morsus canis rabidi Tempio Divo

Quelques années plus tard, un médecin italien, Joseph d'Aromatarii, exprima une opinion analogue [1].

L'instrument de la cautérisation est le plus souvent une clef, et comme saint Pierre est par excellence le saint à la clef, ce sont des clefs de saint Pierre que nous trouverons en maint endroit et, en plusieurs même, la tradition les met en rapport avec les clefs originaires de Rome, dont il a été question plus haut.

Le petit village de Saint-Pé (c'est-à-dire de Saint-Pierre), dans les Hautes-Pyrénées, contient une clef en fer forgé, autrefois vénérée dans l'église abbatiale des Bénédictins de Saint-Pé-de-Générès et, suivant la tradition, forgée avec un des anneaux de la chaîne de saint Pierre. On prétend même qu'elle aurait été apportée de Rome : elle est d'un travail grossier. « Cette clef possédait autrefois de grandes vertus curatives, reconnues par toutes les populations de la plaine et de la montagne, à trente lieues au moins autour de l'abbaye. De nos jours, la ferveur des pèlerins est bien moindre ; cependant, le jour de la fête patronale, la clef est portée processionnellement par les rues de la ville, et elle reste exposée pendant plusieurs jours à la vénération

---

Dononi, vel Sacello Divi Bellini sanetur? » — Il sera question plus loin de l'église de Saint-Bellin : nous ignorons ce que peut être le « Templum Divo Dononi » signalé ici. C'est sans doute une faute d'impression, car dans le Traité de la canonisation des saints par le pape Benoît XIV (Pr. de Lambertinis), il est appelé « Templum Divi Domnini » (Ed. de Bologne, 1738, t. IV, p. 171). — Peut-être est-ce Borgo San Donnino (ainsi nommé de saint Domnin), entre Plaisance et Parme.

1. Aromatarius, *Disputatio de rabie contagiosa*, Venetiæ, 1625, p. 85. Quæ dico, quamvis naturalia sint, causamque manifestam habeant, eo evadunt meliora, quo Christianæ pietati sunt proximiora. — D'Aromatarii dit cela à propos de la cautérisation avec les clefs de Saint-Bellin, et des bains de mer près d'une église de Saint-Hubert en France que nous n'avons pas retrouvée : « sic etiam in Gallia apud D. Huberti Templum juxta mare positum, commorsi mare ingrediuntur et in ipso ambulant. »

des fidèles. Les Béarnais sont plus dévots à cette relique que leurs voisins du Bigorre [1]. »

C'est de l'hydrophobie que cette clef guérissait hommes et animaux, et un grand tableau offert en ex-voto à la fin du xviie siècle est encore suspendu dans l'église. Le tableau est d'un peintre de Toulouse, F. Fayet. Les personnages sont de grandeur naturelle. Dans la scène principale, Jésus-Christ remet à saint Pierre la clef du Paradis; dans une autre, sur la droite et dans une demi-teinte, un moine bénédictin, revêtu d'une étole rouge, présente la clef au marquis d'Angone et à sa femme; près d'eux sont agenouillés les deux fils du marquis, qui avaient été guéris par l'emploi de la clef; le chien de la maison, qui fut sauvé avec eux, figure aussi près d'eux. On ne nous dit pas ici le mode employé pour l'apposition de la clef.

Dans deux communes du diocèse de Montauban, à La Chapelle et à Esparsac, deux clefs de saint Pierre ont été signalées. A La Chapelle, la clef a disparu. D'après la tradition, on en touchait le front des personnes mordues, et pendant ce temps elles priaient ou l'on priait pour elles. Pour les animaux, on la leur mettait sur la tête et on récitait des prières en l'honneur de saint Pierre. C'est dans les pillages de la Révolution Française que la clef a disparu, mais le souvenir en est resté dans le pays, car le curé de La Chapelle, en donnant ces détails à Mgr Barbier de Montault, ajoutait : « Depuis que je suis à La Chapelle, deux jeunes gens sont venus me demander à toucher la clef mystérieuse, mais inutilement, car nous ne l'avons plus [2]. »

A Esparsac, les clefs de saint Pierre sont conservées, car il y en a deux, l'une pour les hommes, l'autre pour les animaux. L'opération est différente aussi dans les deux cas :

---

1. A. Dauvergne, dans la *Revue des sociétés savantes*, 3e sér., t. I. (1863), p. 170-172.

2. *Bull. arch. et hist. de la Soc. Archéol. de Tarn-et-Garonne*, t. VI. p. 55.

Lorsqu'une personne est mordue par un chien enragé ou considéré comme tel, disait le curé de l'endroit, cette personne se présente à l'église ; je prends mon surplis et l'étole violette, je fais allumer deux cierges sur l'autel de saint Pierre, je prends la susdite clef et la dépose sur la morsure, ou l'endroit du corps visible le plus rapproché de la plaie, et je dis l'oraison de la messe de saint Pierre, et l'oraison *ad sanitatem recuperandam*. Dans mes quarante-quatre ans de ministère, j'ai eu bien des fois l'occasion de faire la cérémonie de la clef ; les résultats ont toujours été très heureux ; le calme qui a suivi a chassé la crainte, et, sans autres remèdes, les morsures n'ont pas eu de suites fâcheuses.

Le patron de la paroisse est saint Pierre. Nous avons pour les animaux mordus une seconde clef déposée entre les mains du carillonneur. La cérémonie est toute autre, car, sans prière aucune, cet homme fait chauffer à blanc la dite clef et l'applique, non sur la plaie, mais sur la tête de l'animal, prétendant que la vive sensation éprouvée fait disparaître le virus. Nos paysans assurent que les animaux qui ont subi cette opération ne deviennent jamais hydrophobes [1].

A **Saint-Pierre-de-Roye**, en Picardie, « les villageois des environs faisaient souvent marquer leurs chiens des clefs de saint Pierre. » M. l'abbé Corblet [2], qui signale le fait, n'indique pas la façon d'opérer.

A **Lodi-Vecchio** (Vieux-Lodi), en Italie, se trouve une clef de saint Pierre (elle est en fer et longue de trois centimètres), faite, dit une légende, « sur un modèle apporté du ciel par un ange. » Elle a la vertu de guérir les démoniaques et les enragés et, toujours d'après la légende, « la révélation de ce double prodige aurait été faite par le démon, à l'occasion d'un exorcisme. » Il y a encore d'autres légendes sur son origine. « En 1699, le curé de Lodi-Vecchio écrivait que la clef de saint Pierre était toujours en vénération, qu'on l'exposait deux fois l'an, qu'elle guéris-

---

1. Mgr Barbier de Montault, dans le *Bull. etc. de la Soc. Arch. de Tarn-et-Garonne*, p. 55. — Une planche donne la gravure de ces clefs qui n'ont rien de particulier.

2. *Hagiographie du diocèse d'Amiens*, t. IV, p. 565.

sait presque infailliblement de la morsure des chiens et des serpents, et qu'on l'appliquait en faisant le signe de la croix : quant à la provenance, il l'ignorait presque, ou du moins y croyait peu [1].

En France, à Lacour-Saint-Pierre (Tarn-et-Garonne), on trouve la clef employée pour les animaux par cautérisation, tandis qu'un autre rite est employé pour les hommes. Le nom de la commune indique que la paroisse est sous l'invocation de saint Pierre, et c'est une monstrance [2] où saint Pierre est figuré en relief, sa clef dans la main droite, que vont baiser les fidèles mordus. Il y a pour cela un cérémonial particulier, avec des oraisons pour la rage, et Mgr Barbier de Montault a donné le texte liturgique de ce cérémonial [3]. Après avoir dit les *Orationes pro rabie*, le prêtre pose sur la tête du malade l'extrémité de son étole; il récite l'évangile de saint Marc où pouvoir est donné aux apôtres de guérir. Puis il fait baiser au fidèle la croix de son étole et la monstrance, invoquant sur lui la protection de saint Pierre; enfin il l'exhorte à déposer une aumône dans le tronc du Saint-Sacrement. L'« Ordinaire consent » (*Ordinarii pariterque in licentia*), dit le texte [4].

---

1. Mgr Barbier de Montault, *loc. cit.*, p. 94, et Bollandistes, *Acta*, juin, t. V, p. 455. — Les Bollandistes et, après eux, Mgr Barbier de Montault, citent une clef de saint Pierre dans l'église de Saint-Servais à Maëstricht, clef qui aurait été donnée à saint Servais par saint Pierre lui-même; sa vertu consistait à chasser les mulots des champs. On cite encore, mais sans citer la localité, une clef de saint Pierre qui servait à guérir les brebis malades.

2. On donne ce nom à un reliquaire que sa forme permet de tenir à la main (de montrer) et de faire baiser aux fidèles.

3. *Loc. cit.*, p. 47.

4. Malgré ce consentement de l'Ordinaire (c'est-à-dire de l'autorité diocésaine), Mgr Barbier de Montault critique ce cérémonial. Et après des observations d'ordre technique, il ajoute : « L'exhortation à donner de l'argent est de trop. Il semble qu'on ne puisse mettre les pieds à l'église et demander un secours spirituel qu'en payant, c'est un abus. Si le fidèle offre spontanément, qu'on accepte, mais qu'on ne prenne pas les devants. — Pourquoi mettre cette aumône spéciale dans le tronc du

C'est à cela que se borne le rite curatif aujourd'hui. Nous disons *aujourd'hui*, parce qu'autrefois, le forgeron du village, carillonneur de l'église, posait une clef rougie sur la blessure ; « mais cela ne se pratique plus ». Cette désuétude est caractéristique, et montre bien l'association et le développement des idées. Un procédé curatif d'ordre naturel est associé à une pratique hiératique qui évoque une puissance ou une vertu surnaturelle ; on attribue la guérison à l'élément surnaturel, et on réduit peu à peu le traitement à sa partie hiératique et surnaturelle.

Aujourd'hui, à Lacour-Saint-Pierre, on n'applique plus la clef rougie au feu qu'aux animaux mordus et c'est, paraît-il, le forgeron qui détient la clef. Mais « le forgeron actuel montre si peu d'enthousiasme pour son utile fonction (écrivait-on à Mgr Barbier de Montault), qu'il parlait même de ne plus la continuer ».

L'emploi de clefs dans les cas de ce genre est probablement fort ancien, car il en est fait mention dans le livre de Grégoire de Tours sur les miracles de saint Martin (III, 33). Au pays de Bordeaux, les chevaux étaient attaqués d'une grave maladie. On se rendit à un oratoire de Saint-Martin, faisant des vœux pour demander leur guérison et offrant au saint la dîme de ceux qui échapperaient au mal. On s'avisa alors de marquer tous les chevaux avec la clef de l'oratoire. Ceux qui furent marqués n'eurent point de mal ou bien guérirent.

On ne manqua pas de raisons pour expliquer l'invocation à saint Pierre et l'emploi de sa clef pour la guérison de la rage. Mgr Barbier de Montault en donne trois[1]. La

---

Saint-Sacrement ? Ce sont deux dévotions différentes, qui ne doivent pas être confondues. Il serait donc mieux d'avoir un tronc particulier pour saint Pierre, et l'argent qu'on en retirerait serait affecté, en raison de la piété des donateurs, à l'entretien de l'autel du patron, de son luminaire ou encore à la solennisation de sa fête : telle est la tradition romaine. » *Loc. cit.*, p. 48.

1. *Loc. cit.*, p. 49. Sur le pouvoir des clefs de saint Pierre, voir auss

première est historique. D'après la *Légende Dorée*, Simon le magicien avait dressé un gros chien pour harceler et mordre saint Pierre : celui-ci s'en débarrassa par le signe de la croix. La seconde est traditionnelle : c'est l'envoi, par le pape, de clefs provenant de la confession de Saint-Pierre, et ces clefs étaient regardées comme de véritables reliques. La troisième raison est symbolique : la clef représente le pouvoir absolu, car elle a été remise à saint Pierre par Jésus-Christ « pour lier et délier ».

Les théologiens n'ont pas tous approuvé ces pratiques ; elles n'en sont pas moins restées d'un usage assez fréquent jusqu'à notre temps. Voici en quels termes s'exprime Jacques de Saintebeuve : ses paroles montrent qu'on touchait bien d'ordinaire avec un fer *chaud*. C'est par atténuation — et toujours dans l'opinion que la guérison venait non du fer chaud, mais du rite — qu'on a remplacé la marque douloureuse par un simple attouchement.

Il y a de la superstition d'amener des hommes et des femmes dans l'Église, ou des bestiaux à la porte de l'Église, pour les faire toucher par le Prêtre avec un fer chaud pour la rage : car cet attouchement n'a aucune vertu naturelle ni surnaturelle pour produire l'effet qu'on en attend. Cela se pratique dans Avignon, à la vûe du Prelat : cela se pratique aussi en France en beaucoup d'endroits, et on ne l'empêche pas, non qu'on estime que cela ait une vertu infaillible, mais parce que l'on considère la chose comme un acte de religion, par lequel on se met sous la protection de saint Pierre (on appelle ce fer chaud la clef de saint Pierre) duquel on espère l'intercession pour être préservé de la rage.

Et après avoir cité l'opinion de Cajetan sur les pratiques de ce genre, de Saintebeuve conclut :

Cela est en pratique dans plusieurs endroits, on ne peut l'excuser en soy d'une superstition superfluë, quoiqu'on puisse peut-être excuser de péché ceux qui le pratiquent pour les raisons cy-

---

Guénebault, *Dictionnaire iconographique* (Paris, 1843), t. II, s. v. *Pouvoir des clefs*.

dessus exprimées. Tout considéré, j'estime que c'est une chose à abroger avec prudence par les Prêtres et par les Prélats, à cause que la chose a tout l'air de superstition [1].

On peut penser que le curé Thiers trouve aussi le remède « superstitieux »; mais il est intéressant qu'il cite des « Instructions synodales du diocèse de Grenoble » comme condamnant l'usage :

« Les curés auront soin d'abolir la coutume profane et superstitieuse de faire appliquer par les prêtres les clefs de l'église, ou autres clefs, pour guérir les chiens qui sont enragés ou pour empêcher qu'ils ne le deviennent, surtout dans les paroisses dédiées sous l'invocation de saint Pierre [2]. »

Ces rites se mêlaient souvent d'autres pratiques ; celles-ci par exemple, que rapporte le curé Thiers (t. II, l. IV, ch. II), se rattachent au culte si ancien et si général des fontaines :

Ceux qui mènent leur chiens malades de la rage aux Églises ou Chapelles de Saint-Pierre, de Saint-Hubert ou de Saint-Denys, les plongent dans les puits ou fontaines voisines, ou leur jettent de l'eau sur le corps, ensuite de quoi ils leur font appliquer à la tête les Clefs de ces églises ou chapelles, ou un fer chaud, et leur font dire des Évangiles, leur faisant mettre le bout de l'étole sur la tête ; ce qui est une Superstition profane, une vaine observance, un faux culte.

Il y a des lieux à la vérité où l'on ne dit pas des évangiles sur la tête des chiens, mais sur la tête de ceux qui les mènent, en vûe néanmoins de la guérison des chiens ; et, en cela, il y a moins de Superstition, mais il y en a toujours, parce que cet usage n'est pas autorisé de l'Église, et que l'application de ces clefs, ou de ce fer chaud, n'a aucune vertu ni naturelle, ni surnaturelle pour produire les effets que l'on espère.

---

1. Jacques de Saintebeuve, *Résol. de plusieurs cas de conscience*, t. II, p. 49.
2. Thiers, *Traité des superstitions*, t. I, liv. V, ch. III et t. II, liv. IV, ch. IX.

Le rite de la clef a aussi été employé bien des fois sans le nom de saint Pierre. Nous pouvons citer :

En Würtemberg, à Westhausen en Souabe, on conservait autrefois un fer à marquer, long d'un empan, sur lequel était gravée la forme d'une croix. Un chevalier du nom de Ruprecht l'aurait rapporté de Terre-Sainte. On le faisait rougir et on marquait les animaux au front[1].

La clef de l'église où est enterré Bellin, évêque de Padoue, à quinze milles de Rovigo : on la faisait chauffer[2].

La clef du tabernacle, à l'église de Gandoulès, au diocèse de Montauban : Le patron de cette paroisse est saint Pierre. On « signe » les hommes avec cette clef qu'on a fait légèrement chauffer. Quant aux bestiaux, on les marque au front avec une clef qu'on a fait préalablement rougir. Mgr Barbier de Montault remarque très justement à cet égard :

Pourquoi s'est-on servi de la clef du tabernacle, qui est nécessairement très petite, au lieu de celle de la porte de l'Église ? Je n'en vois qu'une raison, à savoir qu'un curé a bien pu persuader à ses paroissiens qu'il était aussi avantageux et plus commode de se faire traiter chez soi, sans être obligé d'aller au loin demander le secours de saint Pierre ou de saint Hubert. Puis il a dû ajouter mystiquement : Si vous avez confiance dans la vertu des clefs des saints, comment n'en auriez-vous pas à fortiori dans la clef qui clôt le lieu où réside, dans nos églises, le saint des saints[3] ?

Voici, pour finir, un exemple qui rentre dans la catégorie des fers sacrés. Au début de ce siècle, un voyageur suisse rencontre en Toscane, à Costanco, une femme qui vient y faire soigner ses enfants mordus. « Elle me dit que l'on gardait dans cette ville un clou de la vraie croix, dont l'attouchement sur les blessures de la rage en prévenait

---

1. Birlinger, *Aus Schwaben : neue Sammlung*, t. I, p. 106.
2. Voir plus haut, p. 162, n.
3. *Loc. cit.*, p. 128.

l'effet. Je ne pus m'empêcher de lui montrer quelque doute sur cette efficacité ; elle m'assura que de temps immémorial ce remède était pratiqué en Toscane. Je me permis de lui apprendre que la cautérisation était regardée comme un remède plus sûr encore ; mais elle ajouta alors qu'avant d'appliquer la sainte relique sur les blessures, on la chauffait jusqu'au rouge. Je n'eus plus rien à répliquer et je me rassurai sur le sort de ces enfants [1]. »

[1]. Lullin de Châteauvieux. *Lettres écrites d'Italie en 1812 et 13*, 2ᵉ éd., p. 127.

CHAPITRE CINQUIÈME

AUTRES SAINTS ANTI-RABIQUES

CHAPITRE CINQUIÈME

AUTRES SAINTS ANTI-RABIQUES

Saint Hubert et saint Pierre n'ont pas seuls le privilège de guérir de la rage. D'autres saints ont également ce pouvoir. Notre liste sera peut-être incomplète : nous donnons ceux que nous avons rencontrés dans nos lectures.

Un saint Hubert, moine à Brétigny, au diocèse de Soissons, et mort vers l'an 712, était invoqué contre la rage à Brétigny même, probablement par confusion avec son homonyme des Ardennes[1]. L'abbaye était déjà en ruine au temps de Mabillon. A quelque distance de l'église, qui est encore debout, se trouve une « fontaine de Saint-Hubert » à laquelle on attribue la vertu de guérir de la rage, de la fièvre, etc. Le pèlerinage aux reliques du saint, conservées dans l'église, amène tous les ans environ deux mille personnes pendant la neuvaine[2].

On a vu saint Denis figurer plus haut dans une citation du curé Thiers : celui-ci, qui habitait le pays Chartrain, pensait peut-être à Champhol. En effet, sur cette localité, qui est aujourd'hui du département d'Eure-et-Loir, M. S.

---

1. P. Guérin, *Petits Bollandistes*, VI, 313.
2. Bollandistes, *Acta SS*. Mai, t. VII, p. 271.
La piété a plus tard, comme il arrive souvent, créé une légende pour régulariser en quelque sorte cet attribut du saint Hubert de Brétigny. Il est à son lit de mort et recommande son âme à Dieu. En même temps « il le conjurait de protéger les religieux, de préserver Brétigny et ses environs des bêtes méchantes, de la grêle, de la foudre, des illusions de

Morin nous donne les détails suivants : « Saint Denis guérit de la rage. Le saint qui est le patron de la paroisse, est représenté sur un vitrail, à gauche du maître-autel ; il tient sa tête dans ses mains, suivant la tradition. On y amène les personnes qu'on dit atteintes de la rage ; on leur fait dire un évangile, et l'on fait bénir un pain dont elles mangent pendant neuf jours [1]. »

Au siècle dernier, on allait au val d'Ajol, près Plombières, invoquer saint Benoît pour toutes sortes de maladies, y compris la rage [2]. — « A Saint-Mammès (Seine-et-Marne), il y avait autrefois une chapelle prieurale, sous l'invocation de saint Mammès et de saint Julien, où l'on venait en pèlerinage pour se guérir de la rage. Les chiens, assurait-on, s'y rendaient d'eux-mêmes, y faisaient trois tours, s'assoupissaient quelques instants, puis se réveillaient guéris [3]. » Il est probable que les chiens savaient qu'il y avait là une fontaine. Un fait d'ordre naturel (comme au Fort de la Latte) a été mal interprété et pris pour une sorte de miracle.

Saint Marcoul guérit un jeune homme mordu par un loup enragé, en faisant sur lui le signe de la croix [4]. — Saint Othon de Bamberg est invoqué contre la morsure des chiens enragés, et l'on boit en son nom du vin contre ce péril [5]. — Saint Ulric, évêque d'Augsbourg, est aussi in-

---

Satan, et de guérir du mal caduc et de la rage tous ceux qui, en étant atteints, se rendraient à Brétigny pour en être soulagés. « Accordez-moi enfin, disait-il à Dieu, ce que vous avez accordé à mon patron (saint Hubert des Ardennes), que ceux qui imploreront le patronage de mon nom, soient aussitôt et partout guéris de la rage. » P. Guérin, *Petits Bollandistes*, t. VI, p. 312. Hubert de Brétigny, qui serait mort en 712 ou 713, aurait eu pour patron Hubert de Liège, mort en 727 !

1. A.-S. Morin, *Le Prêtre et le Sorcier*, p. 260.
2. Communication de M. L. Sauvé.
3. A. Fourtier, *Les Dictons de Seine-et-Marne*, p. 96.
4. P. Guérin, *Les petits Bollandistes*, t. V, p. 191.
5. P. Guérin, *ibid.*, t. VII, p. 658.

voqué contre le même mal, et pour se préserver ou se guérir « on a coutume de boire dans le calice qui fut trouvé sur sa poitrine à l'ouverture de son tombeau [1]. »

Il y a en Gascogne, en Espagne et en Portugal, une sainte dont ces trois pays se disputent la naissance et dont le tombeau se trouve à Aire-sur-Adour (Landes) : c'est sainte Quitterie qui, dans ces régions, est spécialement invoquée contre la rage. Son culte paraît y avoir autant d'importance qu'en Belgique celui de saint Hubert, mais nous n'avons pu réunir que peu de renseignements à cet égard. D'après les Bollandistes [2], sainte Quitterie est invoquée en Portugal pour les maladies de cœur et pour la rage, et dans une localité, du nom d'Alenquer, on guérit les chiens enragés en leur donnant à manger du pain trempé dans l'huile de la lampe qui brûle devant sa statue. Suivant un usage fréquent, cette statue a été découverte d'une façon miraculeuse et a marqué elle-même l'endroit où elle voulait avoir un sanctuaire. Grâce à cette statue miraculeuse, les habitants d'Alenquer ont été garantis d'une peste qui a ravagé tout le Portugal. On la représente tenant en laisse un chien qui tire la langue [3].

Nous pouvons avoir une éclaircie sur son culte par les détails suivants sur les *saludadors* ou guérisseurs (littéralement *sauveurs*) du Roussillon, notre département des Pyrénées-Orientales. Le culte de la sainte y est mêlé à la croyance si répandue sur le *don* accordé au septième fils d'une famille.

Nul ne peut être *saludador* s'il n'est le septième fils, sans interruption de filles, du même père et de la même mère ; on les appelle *setés* [litt. septièmes]. Le vulgaire assure qu'ils ont une

1. P. Guérin, *ibid.*, t. VIII, p. 33.
2. *Acta SS.*, mai V, 175.
3. P. Guérin, *Les petits Bollandistes*, t. VI, p. 107.

marque distinctive au palais de la bouche, comme une croix ou une fleur de lys...

Les *setés* qui tenaient à devenir *saludadors* se rendaient en Espagne. Celui de Collioure se conforma à l'usage : c'est à Bezalu qu'il fut initié et reçut le pouvoir de guérir. Des moines étaient spécialement chargés de cette réception ; ils exigeaient du candidat, outre quelques aumônes pour le couvent, un certificat légalisé constatant qu'il était *seté*. Ils lui apprenaient la prière qu'il doit dire lorsqu'il *salude* ; ils l'obligeaient en outre à ne parler à personne pendant un temps limité, qui ne pouvait être moins de quarante jours... Puis ils lui remettaient un chapelet à gros grains, avec la croix de sainte Quitérie, le tout béni, car c'est par l'invocation de cette sainte que l'on guérit les personnes mordues ou que l'on est garanti contre l'hydrophobie. La prière consiste dans ces mots : « Que sainte Quitérie nous préserve du mal de rage ! »

Il se trouve des gens assez simples d'esprit pour croire et dire qu'un *saludador* a la puissance de marcher, pieds nus, sur un fer rouge, sur un brasier ardent, d'avaler du plomb fondu, sans se brûler le moins du monde, d'éteindre, par l'effet de sa volonté, un four incandescent, et de rendre un enragé, homme ou bête, doux comme un agneau.

Le Nestor des *saludadores* du département des Pyrénées-Orientales (il compte plusieurs adeptes) a encore une bonne clientèle ; il est souvent appelé chez des personnes mordues ; il a aussi beaucoup d'abonnés qu'il va visiter à des époques fixes et qui le payent grassement ; il se fait un gros revenu.

Voici comment il opère pour *saluder* : il fait baiser d'abord la croix de sainte Quitérie ; il souffle trois fois sur le patient ; il suce la partie mordue, n'importe laquelle, et y applique de l'ail ou de la rue. Les personnes ainsi traitées doivent observer un régime doux pendant quarante jours, et fuir l'eau, surtout ne pas en boire. Cette privation n'est pas trop rigoureuse dans un pays où le bon vin abonde. Il est expressément défendu au mari de coucher avec sa femme, et à la femme avec son mari.

Il *salude* aussi du pain, que l'on donne aux bestiaux. Tout animal qui en mange ne peut pas devenir hydrophobe ; mais cette propriété du pain *saludé* n'est valable que pendant un an. On doit donc réitérer l'opération tous les douze mois, sinon pour le bien de l'opéré, du moins pour celui de l'opérant.

Le *saludador*, après avoir sucé la morsure, mâche lui-même un mélange d'ail et de rue, afin de se préserver du virus rabique [1].

Notre Basse-Bretagne est trop riche en saints nationaux et indigènes pour avoir besoin de saint Hubert et de saint Pierre. La rage s'appelle bien quelquefois en breton *Drouk Sant-Huber* « mal de Saint-Hubert », mais elle s'appelle bien plus souvent *Drouk Sant-Weltas* « mal de Saint-Gildas » ou *Drouk Sant-Tujean* « mal de Saint-Tujean ». En effet, dans l'hagiographie populaire, une maladie porte le nom du saint qui la guérit.

Saint Gildas préserve de la morsure des chiens, quand on lui adresse la prière suivante :

> Ki klan, chanj a hent,
> Arru'r baniel hag ar zent ;
> Arru'r baniel hag ar groaz,
> Hag ann aotro sant Weltas.

« Chien enragé, change de route ; — voici la bannière et les saints ; — voici la bannière et la croix, — ainsi que Monsieur saint Gildas [2].

Saint Tujean ressemble davantage à un saint Hubert breton. Comme le saint belge, il a donné son nom à un village, Saint-Tujean, hameau dépendant de Primelin, près d'Audierne. « Sa statue le représente tenant une clef à la main ; et une clef de fer, terminée en pointe, qui passe pour lui avoir appartenu, se conserve à l'église. Le jour du *pardon* (fête du saint), on pique avec cette clef une énorme quantité de petits pains, qui ne peuvent plus moisir et dont un seul morceau, jeté à un chien enragé, le met en fuite... Les habitants de Primelin sont désignés sous le nom de

---

1. J. Sirven, *Les Saludadores* (1830), dans les mémoires de la *Société agricole, scientifique et littéraire des Pyrénées-Orientales*, t. XIV (1866), p. 117 et suiv.
2. L. Sauvé, dans la *Revue Celtique*, t. III, p. 200-201.

paotret an c'lahouez « les garçons de la clef », parce que en mémoire de saint Tujean, ils portent une petite clef brodée sur leurs habits [1] ».

Il est probable que c'est par suite de ce culte (où la clef joue un rôle que nous connaissons déjà) que la statue représente le saint avec une clef. « Le jour de la fête du saint, nous écrit M. L. Sauvé, les pèlerins font bénir de petites clefs de plomb exactement semblables à celles que j'ai vu vendre dans différentes provinces sous le nom de clefs de Saint-Hubert; et ils les emportent chez eux avec la persuasion de n'avoir rien à redouter de la rage tant qu'ils les garderont en leur possession. Quand une personne ne possédant pas en bien propre une clef de Saint-Tujean est mordue par un chien soupçonné d'être enragé, elle s'empresse de se rendre en pèlerinage à la chapelle que le saint habite à Primelin. Il est à remarquer, en effet, que dans ses autres demeures (et elles sont nombreuses en Bretagne), le saint n'a aucun pouvoir sur la rage. »

Une légende populaire explique pourquoi saint Tujean a ce pouvoir sur la rage. La voici telle que l'a entendu raconter M. L. Sauvé :

Monsieur saint Tujean ne se doutait guère, au temps de sa prime jeunesse, qu'il serait un jour chargé de défendre les Bretons de la morsure des chiens enragés. Si le ciel eût exaucé ses premiers vœux, il serait devenu le patron des jeunes filles, le gardien de leur innocence ; il a dû se résigner à accepter une tâche moins lourde, et voici comment il y fut amené.

Saint Tujean avait une sœur que sa mère, en mourant, lui avait léguée pour tout bien. Il l'avait élevée, entourée de soins et de tendresse, et lui avait enseigné de bonne heure la pratique de toutes les vertus. Comme il ne la quittait des yeux ni le jour, ni la nuit, il espérait bien la préserver à jamais de toute souillure. Douce à entendre, plus belle encore à voir, la fillette entrait dans ses quinze ans; quand, un matin, la solitude profonde où ils

---

1. Joanne, *Itinéraire de la France, Bretagne*, éd. de 1873, p. 603.

vivaient l'un et l'autre, fut troublée par des bruits de guerre. Des voiles ennemies étaient signalées, l'alarme était dans tout le pays. Le saint n'hésita pas à fuir, afin de mettre sa sœur en sûreté, dût-il pour cela aller au bout du monde.

L'enfant n'était pas, comme lui, endurcie à la fatigue ; les ronces et les cailloux déchiraient ses pieds délicats, elle n'avançait qu'avec peine. Saint Tujean la fit monter sur son dos et marcha ainsi plusieurs heures sans s'arrêter. De cette façon, pensait-il, nous irons plus vite et je la surveillerai mieux.

A l'entrée d'un bois, la fillette le pria de la laisser passer un instant derrière un buisson d'aubépines ; le saint, croyant comprendre le motif de cette demande, la déposa à terre, sans mot dire, et attendit.

Il attendit longtemps. Inquiet de voir la halte se prolonger plus que de raison, il appela sa sœur. Hélas ! il n'eut pas plus tôt fait deux pas dans la direction du buisson où elle s'était attardée qu'il lui fallut reconnaître combien il avait été vain et présomptueux en se flattant de la mettre à l'abri de toute tentation et de tout danger. La pauvrette était empêchée d'accourir par un grand et beau garçon, dans les bras duquel elle s'était laissée enfermer sans résistance. Il n'y avait pas à en douter, — elle paraissait plus joyeuse que confuse — le malheur était complet.

— Ah ! s'écria saint Tujean avec un mouvement de colère, il est plus aisé d'empêcher un chien enragé de mordre qu'une fille de mal faire.

— En es-tu bien sûr? lui demanda le bon Dieu qui l'écoutait. Pour ta peine d'avoir parlé trop vite, tu en feras l'expérience. Donc, puisque tu te reconnais impuissant à garder la vertu des jeunes filles, veille désormais sur les chiens fous de la Bretagne, et prends soin de mettre hors de l'atteinte de leurs dents les bons chrétiens qui t'en prieront en mon nom.

On assure que le saint y consentit volontiers et que, depuis ce jour, sa vigilance n'a jamais été mise en défaut.

Enfin, dans le Morbihan, au village qui porte son nom, un troisième saint, saint Bieuzy, défend des chiens enragés. Après avoir prié dans l'église devant la statue du saint, on va à la fontaine voisine de l'église et on trempe dans l'eau un petit morceau de pain que l'on mange avec dévotion, comme si c'était du pain bénit. La fontaine a trois bassins, dont les deux plus petits sont appelés *futann er chass clan* « fontaine des chiens enragés ». M. J. Dréanic, de Bieuzy, de qui nous avons reçu ces renseignements (par l'intermédiaire de M. J. Loth), ajoute : « Devant la maison de mon père passe un petit sentier qui traverse le verger et se dirige vers la fontaine du saint : on prétend qu'à cette fontaine les chiens enragés vont boire. Un fait certain, c'est que plus d'une fois il en est passé devant notre maison allant vers la fontaine ; et mes parents ont vu un de leurs chiens, qui venait d'être mordu par un chien enragé, se diriger vers la même fontaine. » C'est ce que nous avons vu raconter de la fontaine de Saint-Mammès, et il est assez naturel que, lorsqu'un chien a soif, il se dirige vers une fontaine à lui connue. D'après une tradition du pays, les chrétiens baptisés dans l'église de Bieuzy sont, par privilège spécial, préservés de la rage.

A propos de cette fontaine on peut citer une autre fontaine bretonne que l'on va consulter pour la rage :

« Toute personne mordue par un chien enragé, qui veut être fixée sur son sort, n'a qu'à se rendre à la fontaine de Saint-Segal, dans la commune de ce nom, arrondissement de Châteaulin. Voit-elle dans les eaux limpides de la piscine le chien qui l'a mordue, elle n'a rien à redouter ; ne le voit-elle pas, elle mourra à bref délai de la rage [1] ».

Les images en plomb que les pèlerins rapportent du *pardon* de Saint-Mathurin, à Moncontour (Côtes-du-Nord), préservent de toutes sortes sortes de maux y compris les morsures de chiens enragés. C'est en effet un bien grand saint, et on raconte dans le pays que si le saint l'avait voulu, il eut été le bon Dieu ; mais il trouva que c'eût été trop d'embarras [2].

---

1. Sauvé, cité dans Rolland, *Faune populaire*, t. IV, p. 75.
2. Joanne, *Itinéraire de la Bretagne* (éd. de 1873), p. 509. Tous les livres sur la Bretagne en parlent également.

Dans une autre partie de la Haute-Bretagne, à Gaël, (Ille-et-Vilaine), se trouve une source appelée « fontaine de Saint-Symphorien » dont l'eau a, dit-on, le privilège de guérir de la rage [1].

Le bourg de Gaël a été jadis la capitale du petit royaume de la Domnonée et Hoël III, qui y régna au vi[e] siècle, a laissé des souvenirs qui, par l'église, son culte et sa prédication, se sont maintenus dans le pays. « Gaël, nous écrit M. Orain, est situé près de l'immense et ancienne forêt de Brocéliande, appelée aujourd'hui forêt de Paimpont, et tous les paysans de la contrée savent qu'autrefois ce pays était couvert de bois et qu'il y avait à Gaël un vieux roi Hoël III, appelé aussi le roi des bois. Son fils, saint Judicaël, est encore en grande vénération dans le pays. Sa fille, sainte Ouenna, est la patronne de la petite paroisse de Tréhorenteuc, dans le Morbihan. Leurs statues se trouvent dans plusieurs églises. Les prêtres parlent souvent en chaire des vertus de saint Judicaël, fils d'Hoël, de saint Méen, de sainte Ouenna, et il n'est pas étonnant que les miracles des temps passés aient été, aux veillées, transformés en légendes. »

Or, voici la légende que M. Orain a recueillie dans le pays :

« Hoël avait perdu un enfant de la rage et il en ressentait une vive affliction, lorsqu'un pieux ermite, cachant son nom royal de Conan sous celui de saint Méen, vint lui demander l'autorisation de fonder un monastère dans son royaume. Il reçut un bienveillant accueil et obtint ce qu'il désirait. Pour remercier le roi, saint Méen le pria de formuler un vœu. Hoël lui dit : « Je désirerais pouvoir guérir de la rage tous les malheureux qui en seront atteints. » Aussitôt le vertueux cénobite fit jaillir de la terre la source miraculeuse que l'on voit encore aujourd'hui

---

1. Ad. Orain, *Géographie pittoresque du département d'Ille-et-Vilaine* (Rennes, 1882), p. 407.

près de l'église de Gaël, et dont l'eau guérit de l'hydrophobie. »

A cette fontaine et à celles qui ont été mentionnées précédemment, il faut ajouter une fontaine de la Provence. Sous l'église des Saintes-Maries-de-la-Mer, près de l'embouchure du Petit-Rhône, se trouve une fontaine dont l'eau passe pour guérir de la rage [1].

D'après Mgr Barbier de Montault, à Rome on invoqua saint Guy (S. Vitus), contre la rage [2]; mais ce prélat n'ajoute pas de détails. Saint Guy était invoqué pour le mal nerveux auquel son nom est resté (danse de Saint-Guy), et qui était regardé comme une sorte de possession ; on trouve ici la possession et la rage mises en rapport, ainsi que nous l'avons déjà vu plus haut. C'est sans doute à saint Guy que s'adresse la prière suivante que nous trouvons citée d'une façon corrompue et sans détails précis :

> Alme vithe pellicane,
> Oram qui tenes apulam
> Littusque polyganicum
> Qui morsus rabidos levas,
> Irasque canum mitigas,
> Tu, sancte, rabiem asperam
> Rictusque canis luridos,
> Tu sævam prohibe luem,
> I procul hinc, rabies,
> Procul hinc furor omnis abesto.

Et dans la ville d'Apulie d'où provient cette oraison, on faisait neuf fois le tour de la ville avec des prières, pour obtenir la guérison d'une personne mordue [3].

---

1. Joanne, *Dict. géogr. de la France.* s. v. Maries-de-la-Mer (Saintes-).
2. *Loc. cit.*, p. 76.
3. W. G. Black, *Folk-Medicine*, p. 120, 121, 134.

Nous terminerons cette revue des pratiques chrétiennes par celle-ci où ne paraît figurer aucun saint, et que raconte d'Aromatarii. A Lucques, les membres d'une famille ont un secret : celui qui opère prend un pot de terre et écrit au fond certains caractères. On fait bénir le pot par un prêtre. Puis celui qui a fait l'inscription, la gratte de la surface du pot, met le fruit de ce raclage dans du vin que boit la personne mordue [1]. Ce fait se rattache à la série nombreuse des charmes ou incantations que l'on dissout dans un liquide quelconque pour le faire boire à un malade ou à celui que le charme doit pénétrer d'une vertu surnaturelle [2].

1. Aromatarius, *Disputatio de rabie contagiosa*. Venetiis, 1625, p. 85.
2. Voir notre article « Les gâteaux alphabétiques. » dans les *Mélanges Renier* (Bibliothèque de l'École des hautes études). Paris, 1887, p. 1 et suiv.

CHAPITRE SIXIÈME

RECETTES ET REMÈDES PROFANES

§ 1. Comment on se préserve de la rage. — § 2. Comment on guérit la morsure du chien enragé.

CHAPITRE VI

RECETTES ET REMÈDES PROFANES

§ 1. — COMMENT ON SE PRÉSERVE DE LA RAGE

Rappelons d'abord qu'il n'y a pas encore longtemps c'était une croyance générale — Balzac la partage encore en 1810 — que les chiens qui viennent de lieux infestés, transmettent les maladies dont ils ne sont pas atteints eux-mêmes. Pour cette raison, c'était l'usage en temps de peste de tuer tous les chiens : ainsi la mesure a été appliquée, par ordre de l'autorité publique, lors de la peste de Marseille, en 1721, et de celle de Dijon, en 1722 [1].

Les pratiques que nous allons énumérer sont d'ordres bien divers, et il est difficile de les rapporter à une idée générale, sinon celle-ci : qu'on domine la nature, les objets animés et inanimés, par l'emploi de paroles ou d'objets sacrés, doués de vertus particulières.

Voici d'abord, d'après un de nos vieux livres, les recettes de commères du xv° siècle :

> Qui veult affranchir son chien de devenir enragié, si lui donne à mengier, tous les jours au matin, un morseau ou deux qui aura esté porté à l'offrende le dimance derrain (dernier) passé, et, si le reffuse, sachiez pour vray qu'il est mal disposé...
>
> Quant on craint que son chien ne soit mors de chien enragié, faites-le mengier et boire parmi un trépié, et il sera ce jour asseuré de la rage [2].

---

1. Balzac, *Histoire de la rage*, p. 27.
2. *Evangile des Quenouilles*, éd. Jannet, p. 43 et 73.

Pour se garantir soi-même des chiens, une de ces commères donnait cette autre recette :

Marotte Pelée dist que qui ne veult estre assailli ni aboyé des chiens, de jour ne de nuit, n'ait du bon fromage rosti, et leur donne en disant : *In chamao et freno*, tout au long, et pour certain ilz le laisseront en paix, voire et se fussent-ilz rabis.

On a vu plus haut la formule, nous dirions presque l'exorcisme, par lequel, en Bretagne, on met en fuite le chien enragé. Voici des formules analogues allemandes et autres :

En Souabe, on presse les deux pouces contre l'intérieur de la main et l'on dit :

>   Hund, Hund, Hund,
>   Leg' du deinen Mund
>   Auf die Erden !
>   Mich hat Gott erschaffen
>   Und dich werden lassen.
>   Im Namen Gottes u. s. w. [1].

Chien, chien, chien, — Pose ton museau sur la terre ! — Moi, Dieu m'a créé, — Et toi, il t'a laissé naître ! — Au nom de Dieu, etc.

Il existe dans l'ancienne littérature allemande des conjurations contre les chiens, *Hundesegen* [2].

Chez les Masures, branche de la famille polonaise qui habite la province de Prusse, on garantit les bestiaux avec cette prière :

Je vais bénir contre le chien enragé l'étable du chrétien baptisé N. N. Il passait sept apôtres, tous frères les uns des autres. — Où allez-vous, vous sept apôtres, tous frères les uns des autres ? — Nous allons bénir contre le chien enragé l'étable du chrétien baptisé N. N. — Allez et bénissez en mon nom. Que font les

---

1. E. Meier, *Sagen aus Schwaben*, p. 518.
2. On en trouvera quelques-unes dans la *Zeitschrift fur das deutsche Alterthum.*, t. XI (1859), p. 260 et suiv.

enragés ? — Ils dorment. — Laissez-les dormir. Prenez de la laine et du coton, et bouchez leurs blessures pour que cela ne crie pas et que cela ne beugle pas et que cela ne veuille pas grimper aux murs, mais que cela se calme, de même que l'eau dans le Jourdain lorsque saint Jean baptisa le Seigneur Jésus. Non par mon aide, mais par celle du Seigneur Jésus et de tous les saints. — Un *Pater* sans *amen*[1].

Il existe de même un grand nombre de formules pour éloigner le loup des bergeries. C'est ce qu'on appelait autrefois en français la « patenôtre du loup[2]. »

Dans certains pays, porter sur soi une peau de loup est un préservatif, en vertu du principe de la sympathie[3].

Les bagues étaient originairement des amulettes, surtout quand elles tenaient enchâssée une pierre précieuse et magique. Certaines qui portaient une figure d'animal gravée sur le chaton protégeait contre cet animal : nous n'en avons pas trouvé d'exemple pour le chien ou le loup ; mais il en a sans doute existé.

En Bohême, quand on rencontre un chien enragé, si on le voit avant qu'il ne vous ait vu, et qu'on se morde le pouce de la main droite, le chien ne peut rien contre vous[4]. Cela se rattache à une croyance très répandue relativement au loup. En Berry, si la bergère voit le loup la première, celui-ci perd tout pouvoir sur elle et son troupeau ; mais si le loup voit la bergère avant d'en être vu, celle-ci perd aussitôt la voix[5].

De là l'expression proverbiale sur un homme enroué : « il a vu le loup[6]. » « Les loups ont vu Mœris les premiers »,

1. Toeppen, *Aberglauben aus Masuren*, 2ᵉ édit., p. 48.
2. M. Rolland en a réuni un certain nombre d'exemples dans la *Faune populaire de la France*, t. I, p. 124 et suiv.
3. Black, *Folk-Medicine*, p. 154.
4. Grohmann, *Aberglauben aus Böhmen*, p. 54.
5. Laisnel de la Salle, *Croyances du centre de la France*, t. II, p. 129.
6. « Perdant la parole comme ceux qui ont vu le loup sans y penser. » Écrivain du xvıᵉ siècle, cité par Littré, *Dictionnaire*, s. v. *Loup*, p. 349, col. 3.

c'est-à-dire Mœris est muette, dit un personnage de Virgile¹ ; et d'autres passages des écrivains classiques témoignent de la même croyance. L'Orient la connaissait aussi, comme on voit par ce passage de l'*Avesta* des anciens Perses : « Puissions-nous voir le loup les premiers et qu'il ne nous voie pas le premier². » Cette croyance a sans doute sa racine dans ce fait que quand on voit le loup le premier, on peut se mettre en état de défense, et, par là, souvent effrayer le loup ; tandis que si on est surpris par lui, on est sans défense. C'est un simple principe de stratégie, tous les jours appliqué à la guerre.

§ 2. — COMMENT ON GUÉRIT LA MORSURE DU CHIEN ENRAGÉ

Pour savoir si la morsure d'un chien est venimeuse, on prend un morceau de pain que l'on frotte à la blessure, et on le jette à une poule. Si elle le mange et ne meurt pas, la morsure est sans venin. — Ce diagnostic est donné comme infaillible à la suite de l'instruction sur les clefs de saint Hubert et des formules de la bénédiction du pain pour la rage dans le recueil d'exorcismes et de prières du franciscain Vincent de Berg³. Nous retrouvons encore la même recette dans un petit livre populaire de notre pays⁴. On peut aussi jeter ce pain à un autre chien : s'il devient enragé, c'est que la blessure a du venin ; s'il ne le devient pas, la morsure est inoffensive⁵.

---

1. *Eglogue*, IX, 54.
2. Sur cette croyance et les textes qui s'y rapportent, voir : Rolland, *Faune populaire*, t. I, p. 117 ; Liebrecht, *Zur Volkskunde*, p. 335 ; J. Darmesteter, dans la *Romania*, t. X (1881), p. 289. — Aux textes cités par ces divers écrivains, ajouter le chap. II de Solin.
3. Cologne, 1743, p. 82.
4. *La Médecine et la chirurgie des pauvres*, 12ᵉ édit. Avignon. 1858, p. 284.
5. *Ibid.*

Selon une croyance populaire rapportée par M. l'abbé Hallet, la morsure est incurable quand on est blessé au sommet de la tête [1]. La croyance s'explique peut-être par le fait que les blessures où la dent du chien ou du loup pénètre dans le crâne sont bien plus dangereuses que les autres. — En Beauce, raconte M. Rolland [2], les femmes s'abstiennent de couler la lessive le vendredi, parce que si elles étaient mordues ce jour-là par un « chien fou », le mal serait incurable. — Cela peut s'expliquer par le fait que le vendredi est un jour néfaste.

Mais les pratiques curatives sont innombrables !

C'est encore une pratique usitée dans beaucoup d'autres cas, en Occident, que nous trouvons à Bassora sur le golfe Persique. Un mollah descendant du prophète monte sur deux piliers situés l'un près de l'autre. Il s'y installe dans la posture du colosse de Rhodes : les personnes mordues passent entre ses jambes et elles sont guéries [3]. C'est le procédé si fréquent dans nos pays qui consiste à passer sous une châsse, ou dans le trou d'une pierre, ou entre les branches recourbées d'un arbre; on croit qu'on laisse le mal au passage.

Chez les Arabes, le sang royal avait le privilège de guérir de la rage. Dans la *Hamâsa*, recueil de poésies compilé vers 225 de l'hégire (840 de notre ère), un poète voulant faire l'éloge d'une tribu (les Banoû Sinân) dit : « Ils construisent les édifices des actions généreuses et guérissent les blessures. Leur sang est le remède souverain contre la rage [4]. » Le scholiaste arabe ajoute à propos de ce vers : cela veut

---

1. Hallet, *op. cit.*, p. 57, n.
2. *Faune populaire*, t. IV, p. 76.
3. M. G. Black, *Folk-Medicine*, p. 69.
4. Fr. Rückert, *Hamâsa* t. II, p. 280 ; Cf. Freytag, *Hamasa carmina*, pars posterior, II, p. 583 et 584. Un proverbe arabe rapporté dans Freytag (*Arabum Proverbia*, t. I, p. 488), dit : le sang des rois guérit l'hydrophobie. Voir aussi Lane, *An Arabic-English Lexicon*, VII, fasc. 2, p. 2626, col. 2 et 3.

dire que c'étaient de vrais rois, et que pour cette raison leur sang guérissait de la morsure du chien enragé. On dit, en effet, qu'il n'y a pour cela de remède plus sûr que de boire du sang d'un prince. Voici, raconte-t-on, comment on s'y prenait : Au pied gauche d'un prince, on piquait la veine du troisième orteil, et on laissait tomber une goutte de sang sur une datte qu'on donnait à manger au mordu, qui guérissait par ce moyen : d'après d'autres récits, on tirait le sang du nez. »

M. Hartwig Derenbourg, qui me communique ce texte, veut bien ajouter les renseignements suivants : « Un autre procédé curatif auxquels les Arabes avaient recours, était l'absorption de l'eau puisée dans certains puits, qui avaient la réputation de guérir la rage. Dans la Cosmographie d'Al-Kazwini (Éd. Wüstenfeld, II, p. 123), l'auteur, qui écrivait en 1276 de notre ère, cite parmi les merveilles d'Alep « un puits situé dans un village de la banlieue, qui avait la vertu de guérir celui qui buvait de son eau ». Puis il ajoute : « C'est bien connu. Un des habitants de ce village a dit : la condition du succès, c'est que la morsure remonte au plus à quarante jours. Si le mal est plus ancien, il est incurable. » Dans la *Vie des animaux*, par Ad-Damîrî, mort en 1405 de notre ère (Éd. de Boulak, II, p. 337), les symptômes de la rage sont décrits ; et, dans la citation du passage d'Al-Kazwini, il est seulement ajouté que ce village voisin d'Alep était appelé lui-même « le puits de la rage ».

Chez les Masures (province de Prusse), on tourne trois fois autour de la personne mordue, les mains croisées et en récitant cette formule :

Dis la prière du Seigneur ! Comme Notre-Seigneur Jésus-Christ se promenait avec ses disciples et que ceux-ci lui demandaient de les guérir de la morsure du chien enragé et de la chienne, il leur dit : Guérissez avec la puissance de Dieu et l'aide du Fils de Dieu et de l'Esprit-Saint. L'eau de la mer resta tranquille quand la Mère de Dieu baigna son Fils : ainsi puisse l'animal rester tranquille... et rendre le poison par l'aide de Dieu et du Saint-Esprit, au nom de Dieu le Père, du Fils et du Saint-Esprit [1].

Les charmes ou incantations doivent naturellement produire un plus sûr effet, quand on les avale et que, par ce moyen, on s'assimile leur vertu. Ainsi un écrivain du xvie siècle, Jacques du Fouilloux, dans sa *Venerie*, donne une recette où la formule curative est enroulée dans une omelette. » J'ay appris une recette d'un gentilhomme, en Bretaigne, lequel faisoit de petits escriteaux, où il n'y avoit seulement que deux lignes, lesquels il mettoit en une omelette d'œufs, puis les faisoit avaller aux chiens qui avoient esté mordus de chiens enragez, et y avoit dedans l'escriteau, *Yram, quiram, cafram, cafratrem cafratrosque*. Lesquels mots disoit estre singuliers pour empescher les chiens de la rage, mais quant à moy, je n'y adjouste pas de foy.[2] » D'après Conrad de Wittenberg, au xviie siècle, on faisait avaler aux personnes mordues une beurrée où l'on avait écrit les « sept paroles du Christ, » ou « l'Évangile de saint Jean[3] ». « L'Évangile de saint Jean » était considéré comme un amulette ou phylactère des plus puissants. On le portait souvent au cou dans une bulle, ou un cylindre, ou dans un tuyau de plume d'oie. L'usage est presque aussi ancien que le christianisme, car il est mentionné dans saint Augustin[4] et, d'après Viollet-le-Duc[5], il existait encore au siècle dernier.

En Angleterre, dans le Lincolnshire, on écrivait sur une pomme ou sur un morceau de pain blanc, un charme ainsi

---

1. Tœppen, *Aberglauben aus Masuren*, 2e édit. p. 46.
2. Réimpression de 1864 (Niort) f. 61, verso.
3. Conrad de Witterberg, *Doctrina de Magia*. Witteberge, 1661, § xix ; cité dans Black, *Folk-Medicine*, p. 167.
4. Dans son 7e *Traité sur saint Jean*. — Cité dans Thiers, *Traité des superstitions*, t. II, l. IV, chap. ix.
5. *Dictionnaire du mobilier français*, t. III, p. 85.

conçu. « O roi de gloire, viens en paix! Pax. Max. D. inax [1]. »
Dans la partie allemande de la province de Prusse, on avale
diverses formules écrites sur du papier ou sur une beurrée [2]. Une d'entre elles est une formule magique qui a une
bien vieille histoire et une longue célébrité, car on la trouve
déjà dans les derniers temps de l'antiquité, et elle s'est
depuis répandue sur le monde entier [3]. C'est la formule
rétrograde :

```
S A T O R
A R E P O
T E N E T
O P E R A
R O T A S
```

La formule doit être employée depuis longtemps contre
la rage, car on la trouve écrite au-dessous d'un chien dans
une mosaïque du XIe siècle de notre ère, conservée dans
l'église de Pieve-Terzagni, près de Vérone. Le chien est
figuré la tête basse et la queue entre les jambes, comme
vaincu par l'exorcisme. A peu de distance, on voit un personnage tonsuré dans une niche en arcade faisant partie
d'un bâtiment : peut-être est-ce l'image d'un saint ou d'un
thaumaturge qui guérissait de la rage [4].

La croyance aux vertus des pierres-amulettes a également survécu dans le traitement populaire de la rage. Dans
le sud du pays de Galles, on guérit la morsure avec une
pierre qu'on appelle selon les endroits *Llaethfaen* « pierre
à lait » ou *carreglas* « pierre bleuâtre (ou grisâtre). » Des
pierres de ce genre sont conservées de génération en géné-

---

1. Black, *Folk-medicine*, p. 201; et Dyer, *English Folk-lore*, p. 144.
2. Frischbier, *Hexenspruch und Zauberbann*, p. 66.
3. Voir, sur ce charme, un article de M. Reinhold Koehler dans les *Verhandlungen der Berliner Gesellschaft für Anthropologie*, etc. t. XII (1881), p. 301-306).
4. Ernst aus'm Weerth. *Der Mosaikboden in St-Gereon zu Coeln*, etc. 1873, in-folio, p. 19-20 et pl. VII.

ration dans plusieurs familles. On gratte la pierre, et la poudre qu'on obtient est mise dans du lait qu'on donne à boire au malade. Mais la pierre perdrait sa vertu, si celui qui la possède faisait payer ce service, et la nature merveilleuse de la pierre se montre en ce que malgré ce grattage, elle ne diminue pas [1]. Cette croyance a été transportée jusqu'en Amérique. La pierre venait de Suisse; un Italien qui l'avait apportée, l'avait vendue à un fermier du Kentucky et en vingt-trois ans, ce fermier a guéri cinquante-neuf personnes avec cette pierre. Quand une personne avait été mordue, on appliquait la pierre à la morsure; puis quand la pierre avait absorbé le poison de la blessure, on la baignait dans du lait froid et de l'eau — pour la faire dégorger — et après cela (comme la pierre de la « soupe au caillou »), elle pouvait servir de nouveau. M. Black, qui rapporte cette histoire, ajoute qu'on voit de temps à autre dans les journaux (probablement anglais ou américains) des articles sur des pierres merveilleuses de ce genre [2].

La vertu qui s'attache à ce qui vient d'une personne exécutée par arrêt de justice (corde de pendu, sang de guillotiné, etc.) donnait sans doute sa valeur à la recette suivante : « Se faire des pilules du test (crâne) d'un pendu, pour se guérir des morsures d'un chien enragé [3]. »

Pour terminer avec les remèdes purement superstitieux, ajoutons que manger le gazon du cimetière de l'église de Saint-Edren, à Llanedeyrn en Pembrokeshire (pays de Galles), passait pour guérir de la rage : Black cite un exemple d'une cure de 1848 [4].

Un des remèdes les plus fréquents en France, dans les derniers siècles (il est mentionné plusieurs fois dans les observations d'Andry), et conservé encore dans le peuple, est une omelette dans laquelle on mélange des substances

---

1. Communication de M. Llywarch Reynolds, de Merthyr-Tydvil.
2. Black, *Folk-Medicine*, p. 144.
3. Thiers, *Traité des superstitions*, t. I, livre V, chap. IV.
4. Black, *Folk-Medicine*, p. 96.

particulières, et dont certaines personnes ont le secret [1]. Un écrivain assure que ces empiriques sont d'ordinaire des maréchaux ferrants [2] : serait-ce parce qu'ils joindraient à l'omelette quelque cautérisation de la blessure ?

Les remèdes d'ordre naturel, proposés contre la rage, sont innombrables. On peut en voir la liste dans l'article RAGE, de M. Brouardel [3]. On peut en voir aussi un grand

---

1. Cf. Rolland, *Faune populaire*, t. IV, p. 76. Sur ces omelettes, cf. Audry, *op. cit.*, p. 333. Comme exemple de ces recettes d'omelettes et des pratiques qui en accompagnaient la préparation, nous donnons la suivante d'après A. de Garsault, *Le Nouveau parfait maréchal*. Paris, 1781, in-4, p. 229.

« Vous prendrez trois œufs, dont vous ôterez soigneusement les germes ; vous aurez de la racine d'églantier ou rosier de haies, que vous ferez arracher du côté où le soleil donne ; faites-la râper le plus menu que faire se pourra, après en avoir ôté la première peau : cassez un de vos œufs par le petit bout, pour en faire sortir le jaune, sans qu'il y ait une grande ouverture à l'œuf ; vous l'emplirez trois fois d'huile de noix de la meilleure, tirée sans feu ; jetez cette huile avec vos œufs ; ajoutez une bonne pincée de poudre d'églantier, c'est-à-dire autant que les cinq doigts, à demi écartés, pourront en prendre ; mêlez bien le tout ensemble, après quoi vous la mettrez dans une poêle que vous aurez eu le soin de faire rougir sur le feu : vous ferez bien cuire cette omelette, en sorte qu'elle soit sèche ; après qu'elle sera faite, vous la ferez manger au malade ; s'il est blessé et qu'il y ait une galle dessus la morsure, vous frotterez la plaie avec un linge et du vin chaud, jusqu'à ce que le sang y vienne ; quand la plaie sera saignante, vous y mettrez un morceau d'omelette qui doit être brûlante pour bien faire son effet. Le malade mangera le reste ; il faut qu'il soit à jeun, pour prendre ledit remède, et si, par hasard, après l'avoir avalé, l'envie de dormir lui prenait, il faudrait qu'il y cédât sur-le-champ partout où il se trouverait ; neuf jours après qu'on aura pris le remède, il faudra avaler de la thériaque délayée dans du vin.

« *Nota.* — Qu'il ne faut point mettre de sel dans ladite omelette, ne point boire en la mangeant, et ne manger de deux heures après l'avoir prise. »

2. De Chesnel, *Dictionnaire des superstitions* (Coll. Migne), col. 977.

3. *Dictionnaire encyclopédique des sciences médicales*, 3e sér., t. II. (1874), p. 240.

nombre dans les observations d'Andry[1]. Un des remèdes qui, au siècle dernier (en 1750), fut un moment en vogue en France, était une « poudre de Tunkin », dont le secret avait été apporté de l'Indo-Chine[2]. Quelques-uns des remèdes qui, par tradition, s'emploient encore dans nos campagnes, par exemple les écailles d'huître calcinées[3], sont simplement des survivances de l'ancienne médecine[4]. De même pour les hannetons séchés et pilés, pour les décoctions d'écrevisses, etc. — Plusieurs de ces remèdes anciens doivent encore leur autorité aux petits livres que le colportage répand encore dans les campagnes[5].

Certaines familles, en dehors même du prétendu « parentage » de saint Hubert, avaient des recettes conservées par tradition. Ainsi, près de Brioude (Haute-Loire), au village de Bournoncle-Saint-Julien (commune de Beaumont), la famille Pialoux administre un remède aux personnes mordues par des chiens enragés (ou supposés

---

1. On en trouvera aussi une liste dans A. de Garsault, *Le Nouveau parfait maréchal*. Paris, Bailly, 1781, in-4, p. 481.

2. Andry, p. 361, et Lenel d'Ivoiry, *Manuel des Enragés* (Lyon, 1782), p. 14.

3. Voir, par exemple, *La Médecine et la Chirurgie des pauvres*, 12e édition, Avignon 1868, qui donne de longs détails sur les diverses préparations faites avec ce remède.

4. Sur l'emploi d'écailles d'huîtres pilées ou calcinées, voir Andry, *op. cit.*, p. 62 et 330 ; et cf. L'Armerye, *Dictionnaire françois-breton*, p. 321.

5. Par exemple : *Le secret des secrets de nature*. Épinal, Pellerin, p. 4: « Pour guérir les chiens enragés. Il faut enfermer les chiens enragés et ne leur rien donner à manger l'espace d'un jour, puis il faut mêler en leur breuvage un peu d'ellébore ; et lorsqu'ils seront purgés, il les faut nourrir avec du pain d'orge ; on guérira ainsi ceux qui seront mordus par des chiens enragés. » — *La nouvelle science des gens de campagne*, Épinal, Pellerin, p. 48 : « Remède fort facile contre la rage : Prenez un hareng salé et nouveau, tout cru, pilez-le dans un mortier jusqu'à ce qu'il soit comme de la pâte, que vous appliquerez en forme de cataplasme sur la morsure, continuant cette application pendant trois jours. »

tels), et ce remède inspire la plus grande confiance dans la contrée. La famille Pialoux tient ce remède de Marc de Gouzel, seigneur de Lauriac, qui le lui donna au moment d'émigrer, au temps de la Révolution [1]. Une particularité de ce traitement consiste en ce qu'après avoir pris le breuvage, dont la famille Pialoux a le secret, il ne faut pas dormir de vingt-quatre heures. M. Paul Le Blanc, qui me communique ces renseignements, y ajoute ce souvenir personnel :

Mon grand-père habitait alors sa propriété de Bournoncle, et j'avais neuf à dix ans, lorsqu'on nous dit qu'un médecin de la Haute-Loire avait conduit au père Pialoux son fils, qui venait d'être mordu par un chien enragé. Je me souviens, comme si c'était hier, de l'arrivée de ce docteur et de son enfant ; il était de mon âge et tout pâlot comme moi. Comme il ne faut pas dormir après avoir pris le breuvage, des femmes le promenaient dans les rues de Bournoncle en le tenant sous les bras. Lorsque je ferme les yeux, je le vois encore,... et ce souvenir me glace, car j'ai toujours eu la peur de la rage et des chiens enragés. Les bonnes femmes de Bournoncle ne contribuaient pas peu à me terrifier avec leurs histoires. Je me souviens surtout qu'elles racontaient qu'on achevait les personnes enragées en les étouffant entre deux matelas...

Une famille de Tullins, en Dauphiné, avait aussi un remède contre la rage, que l'on disait conservé depuis plusieurs centaines d'années. Cette famille s'en faisait

---

1. Voici en quels termes Legrand d'Aussy dans son *Voyage fait en 1787 et 1788 dans les ci-devant haute et basse Auvergne*. Paris, an III, in-8, t. III, p. 316, parle de ce remède et de son possesseur : « Près de Brioude, un de ces hommes qu'on désignait sous le nom de nobles, s'est dévoué à guérir les personnes mordues par des chiens ou des loups enragés. Ces accidents sont très communs en Auvergne, soit pendant l'été quand les ruisseaux sont à sec, soit pendant l'hiver quand ils sont gelés. Le citoyen de Lauriac (ainsi s'appelle l'homme bienfaisant dont je parle) a trouvé son spécifique contre la rage ; et de toutes les parties de l'Auvergne, on accourt à lui ; il reçoit les malades dans son manoir, les nourrit, les loge, les guérit. C'est, pour la contrée, un dieu bienfaiteur. »

gloire et l'administrait gratuitement aux personnes mordues, et on se rendait à Tullins de plus de vingt lieues à la ronde[1]. Andry mentionne aussi, plusieurs fois, des remèdes de paysans. Un grand nombre de remèdes des siècles passés contenaient de la rue ; la rue est une plante à propriétés âcres et irritantes, au goût aromatique, et que la médecine n'emploie aujourd'hui qu'avec prudence. En Haute-Bretagne, m'apprend M. Orain, les paysans considèrent le plantain d'eau (*Alisma plantago* L.) comme un remède souverain contre la rage.

On trouve aussi, dans les pays de l'Orient, des gens qui prétendent avoir un remède secret. « Ils ont aussi (il s'agit de nos Arabes d'Algérie) leurs jongleurs et leurs charlatans pour se prétendre guérisseurs. A quelques lieues d'Orléansville, il existe un Arabe, très connu dans le pays comme possédant un secret, qu'il fait payer très cher, à l'aide duquel il prétend, non pas seulement guérir de la rage, mais encore en préserver[2]. »

Comme dernier remède, nous signalerons celui que Balzac préconisait, en 1810, dans son *Histoire de la rage*. C'était de supprimer « les chiens libres », parce que la plupart des accidents viennent des chiens errants. Des ordonnances de police avaient essayé de mettre fin au vagabondage des chiens à Paris, en 1536, 1725 et 1741[3] ; mais la menace des plus fortes amendes avait été inutile, et les chiens continuaient à sortir autrement que tenus en laisse. Balzac croyait qu'en établissant une capitation et une sorte d'état civil de la population canine, on supprimerait tous les accidents dans leur racine, et son livre se termine par un « projet de loi pour la taxe canine, et observations sur le mode d'exécution ». Une proposition

1. Abbé Rozier, *Cours complet d'agriculture*. Paris, 1789, in-4, t. VIII, p. 513.
2. Dussourt, *Observations sur la rage*, dans les *Mémoires de médecine militaire*, 2e série, t. XVII (1856), p. 161.
3. Voir Balzac, *op. cit.*, p. 38 et les documents qu'il cite.

semblable avait déjà été faite en 1789, et l'on présentait cette taxe sous le titre d' « *impôt canino-patriotique*, afin que les chiens, qui sont le symbole de la fidélité et de la franchise, puissent manifester leur philanthropie, et contribuer aux charges de l'État, comme à la félicité de l'Empire des Lis[1]. » On sait que, depuis, la taxe a été établie en France, et qu'elle n'a pas arrêté les accidents ni supprimé les chiens errants. C'est, en effet, par suite de l'incubation de la rage que le *chien fou* quitte la demeure de son maître et se met à vaguer, portant souvent au loin cette contagion dont la science ignore encore l'origine et la genèse.

---

[1]. *La Canin-omanie, ou l'impôt favorable dans toutes les circonstances, et surtout dans les conjonctures présentes.* Traduit et donné au Public patriote, par très politique et très preux César, chien de haute lignée et de grand parentage ; secrétaire interprète de l'Aréopage des Chiens, pour la Langue Franque, et Serviteur de M. le Chevalier de *Trévigny*, fils, de Falaise. A Caninopolis, et se trouve à Paris, chez Leroy, libraire... 1789, 142 p. in-24. — Le projet de règlement se trouve p. 76 et suiv.

APPENDICE

DE L'EMPLOI THÉRAPEUTIQUE DES RELIQUES A L'INTÉRIEUR

APPENDICE

DE L'EMPLOI THÉRAPEUTIQUE DES RELIQUES, A L'INTÉRIEUR

L'insertion, sous la peau du front, d'un fragment de la Sainte-Étole n'est qu'un exemple de plus de l'introduction d'un objet sacré ou miraculeux dans le corps qui doit s'en assimiler la vertu. On pourrait citer de nombreux exemples de ces pratiques qui sont l'expression matérielle d'une foi matérialiste. C'est ainsi qu'on avale l'eau sur laquelle on a prononcé des incantations, le papier ou le pain sur lequel on les a écrites [1]. Les accusés qui allaient subir la torture avaient quelquefois recours à des pratiques de ce genre. On a conservé dans la bibliothèque de Ferrare un cahier de recettes qui a appartenu au médecin Michel Savonarole, père du fameux religieux de ce nom. Ce manuscrit contient un charme ou brevet (en latin, *breve*) contre la torture, ainsi conçu : *Et ne auferas de ore meo verbum veritatis, quia usquequaque in juditiis tuis semper speravi. Domine, vim patior; responde pro me. Quid dicam, quid respondebo tibi cum apud te fuero ?* On devait avaler le charme, comme dit la recommandation : *Fac ut istud breve comedas antequam vadas ad torturam.* Et comme les juges croyaient, eux aussi, à la vertu du charme, ils faisaient

---

[1]. La bienheureuse Marie Alacoque sauva son frère, l'abbé Alacoque, gravement malade, en lui faisant prendre une boisson dans laquelle elle avait trempé une prière formée d'une invocation au Cœur Sacré de Notre-Seigneur. *La dévotion au Sacré-Cœur de Jésus en exemples*, etc., p. 83, cité dans Parfait, *L'Arsenal de la dévotion*, p. 344.

souvent donner une forte purgation à celui qu'on devait torturer. Raison de plus pour le populaire de croire que le charme aurait produit son effet anesthésique s'il n'avait été évacué avec la purge[1]. Nous pouvons encore citer, comme exprimant la même croyance, l'histoire d'un saint irlandais, saint Colomba : on raconte de lui qu'étant enfant, il apprit l'alphabet rien qu'en avalant un gâteau sur lequel son maître avait écrit les lettres de l'alphabet[2].

Mais ici nous voulons nous borner à donner quelques exemples de reliques *prises à l'intérieur*, c'est-à-dire agissant par absorption et par assimilation.

Ce procédé était pratiqué en grand au moyen âge dans plusieurs pèlerinages célèbres et il donnait lieu à un commerce lucratif pour le saint et ceux qui le représentaient. Ainsi à La Fère, où le culte de saint Firmin était très accrédité, — une partie des reliques du saint était conservée à la maladrerie de cette ville, — les pèlerins n'achetaient pas seulement, comme ailleurs, des « enseignes[3] » à l'image du saint, mais souvent aussi des fioles contenant l'eau dans laquelle ses ossements avaient été plongés. Cette eau servait à guérir de nombreuses maladies, et l'on appelait cela « les lavages (ou lavements) de M. saint Firmin[4]. » Au

---

1. G. Ferraro, *Superstizioni*, etc., *Monferrini* (Palerme, 1886), p. 11, etc. — De même un accusé qui avait sur lui des cheveux de sainte Colette, supporta la torture avec tant de force qu'il fut déclaré innocent. Roskoff. *Geschichte des Teufels*, II, 170. — La même croyance paraît exister au Tonkin; car, comme trois indigènes chrétiens avaient supporté la torture avec un grand courage, on leur disait : « N'auriez-vous pas quelque recette, quelque charme qui émousse les douleurs, puisque, frappés avec plus de force que les autres accusés, vous ne criez pas comme eux? » (*Annales de la Propagation de la Foi*, t. XIII, p. 286.)

2. Voir notre article, *Les Gâteaux alphabétiques* dans les *Mélanges Renier* (Bibliothèque de l'École des Hautes Études), p. 1 et suiv.

3. On donnait le nom d'enseignes de pèlerinage à de petites images du saint, le plus souvent en plomb ou en étain, que l'on mettait au bonnet ou au cou.

4. Matton, *Les enseignes et les lavages de saint Firmin de la Fère* dans le *Bulletin de la Société académique du Mans*, t. XVIII, p. 115.

moyen âge, on invoquait saint Firmin surtout pour l'érésypèle et le scorbut [1]. De même au pèlerinage de Saint-Quentin, dans la ville qui porte son nom, on trempait des reliques du saint dans de l'eau qu'on donnait à boire aux malades ou dont ils lavaient les parties malades de leur corps [2]. Saint Quentin était surtout invoqué pour l'hydropisie.

L'hagiographie et l'histoire nous fournissent plus d'un exemple analogue. L'eau dans laquelle saint Sulpice s'est lavé les mains sert à guérir les maladies et surtout les fièvres [3].

On fait boire à un possédé le vin dans lequel on a lavé les reliques de saint Genulphus et le démon lui sort de la bouche avec du sang [4].

Les reliques de saint Ours servirent à un exorcisme de ce genre. « C'est un démoniaque délivré par l'intercession de saint Ours. Ce malheureux, se tenant à la porte de l'église, criait à haute voix : priez pour moi afin que je puisse prier pour vous. Ces paroles attirèrent naturellement l'attention de tous les assistants, du clergé comme du peuple, et, après qu'on se fût assuré de l'état anormal de l'individu qui criait, il fut résolu qu'on célébrerait une messe pour lui et qu'on lui ferait boire du vin bénit en l'honneur de saint Ours. Ce fut le prieur de la Collégiale qui célébra cette messe et fit ensuite la bénédiction du vin dans lequel on fit tremper le chef de saint Ours. Cela fait, on amena le démoniaque et, à grand'peine, on lui fit avaler du vin ainsi

---

1. Corblet, *Hagiographie du diocèse d'Amiens*, t. II, p. 175.
2. G. Lecoq, *Étude iconographique sur le culte et le pèlerinage de Saint-Quentin*, p. 10. Cf. Corblet, *Hagiographie du diocèse d'Amiens*, t. III, p. 387.
3. Bollandistes Acta SS., janvier, t. II, p. 173, 38. — Des amoureux fort amoureux en ont quelquefois agi de la sorte avec les dames de leurs pensées. Un minnesinger qui fut une sorte de Don Quichotte avant Cervantès, Ulrich de Lichtenstein, but l'eau où sa dame avait trempé ses mains à table. Bossert, *La Littérature allemande au moyen âge*, p. 298.
4. Bollandistes, janvier, t. II, p. 103, 43.

bénit. Il n'en eut pas plus tôt avalé que les démons, après l'avoir jeté à terre, furent contraints de se retirer de son corps, à la grande satisfaction de cet homme et de tous ceux qui avaient prié pour lui[1]. »

Brunon, évêque de Toul, guérit ses compagnons de la peste en leur donnant du vin dans lequel il avait préalablement trempé des reliques[2].

Un roi de France aurait recouvré de la sorte la santé par l'intermédiaire de saint Josse. « Le roi Philippe Ier, atteint depuis deux ans de la fièvre, vint à Parnes-en-Vexin invoquer le Saint. Après avoir bu de l'eau sanctifiée par le contact de ses reliques, et prié plusieurs nuits devant la châsse, le monarque recouvra la santé. Comme témoignage de ce miracle et de sa gratitude, Philippe laissa à l'église de Parnes des marques de sa magnificence[3]. »

A Arras, on guérissait le mal des ardents, — c'est la même maladie de peau qu'on appelait aussi feu sacré ou feu Saint-Antoine, parce que saint Antoine la guérissait aussi, — avec de l'eau dans laquelle on faisait distiller quelques gouttes de la Sainte-Chandelle[4]. Cette eau s'employait plus souvent à l'extérieur, mais on l'employait aussi quelquefois à l'intérieur. A Courtrai (où l'on possédait un fragment de la Sainte-Chandelle), pendant la peste de 1643, les fidèles burent ou emportèrent de cette eau la valeur de quatorze tonnes[5]. Cette eau, qu'on appelle « eau médicale », se fabrique encore en plusieurs sanctuaires où

---

1. *Vie de saint Ours, archidiacre d'Aoste*. Aoste. 1868, p. 92.
2. D. Calmet, *Histoire de Lorraine*, t. II, p. 159, cité dans Raoul Rosières, *Recherches critiques sur l'histoire religieuse de la France*, p. 342.
3. Abbé Robitaille. *Vie de saint Josse*. Arras, 1867, p. 105.
4. Abbé Proyart, *Sanctuaires de Notre-Dame des Ardents*, p. 24, cité dans P. Parfait, *La foire aux reliques*, p. 81. La sainte chandelle d'Arras est un cierge apporté au XIIe siècle, par la Vierge elle-même, à la cathédrale d'Arras.
5. Abbé Proyart, cité par P. Parfait, *op. cit.*, p. 87.

l'on a des fragments de la Sainte-Chandelle. Tout récemment encore, dans un pèlerinage de 1878, une religieuse ursuline a été guérie d'une extinction de voix par la vertu de cette eau. « Le soir même, racontait le journal *l'Univers*, la religieuse, après avoir bu de l'eau dans laquelle on avait distillé quelques gouttes du Saint-Cierge, retrouvait la parole [1]. »

Le Saint-Suaire conservé à Cadouin, dans le Périgord, est « celui des linges qui dans le tombeau, enveloppait la tête de Jésus ». Voici un cas de guérison opéré par cette relique ; ici ce que l'on infuse, ce n'est pas la relique elle-même, mais des objets qui l'ont touchée. « Un des procureurs de la confrérie du Saint-Suaire lui conseilla de se vouer au Saint-Suaire et de faire une neuvaine en son honneur, en prenant chaque jour un peu de vinaigre qu'il lui donna (au malade), et dans lequel on avait fait tremper un anneau d'argent et un cordon de soie qui avaient touché la relique. Le malade exécuta de point en point ce qu'on lui avait conseillé, et, avant la fin de la neuvaine, le serpent qui était dans son corps mourut et il en fut tout à fait délivré [2]. » Ce qu'on appelle ici « serpent » était sans doute un ver, le ver solitaire.

On fait ainsi, par ce procédé, des eaux bénites particulières qui ont des vertus curatives. Ainsi « l'eau bénite de saint Ignace ; » mais « la relique qu'on plonge dans l'eau est renfermée dans un tube de verre, afin qu'elle ne se gâte pas par l'humidité [3]. » Elle sert contre le choléra, les maladies contagieuses et autres infirmités. C'est par le même procédé, c'est-à-dire en plongeant dans l'eau, non la relique, mais le reliquaire, qu'on obtient « l'eau de la Sainte-Larme. » La relique dont il s'agit ici est une larme de Jésus-Christ conservée à Allouagne (Pas-de-Ca-

---

1. Cité dans P. Parfait, *op. cit.*, p. 91.
2. Le R. P. Carles, *Histoire du Saint-Suaire de Notre-Seigneur Jésus-Christ*, p. 277, cité dans P. Parfait, *op. cit.*, p. 200.
3. Le P. Terwecoren, *La Dévotion à saint Ignace de Loyola*, p. 129.

lais) et qui passe pour avoir été recueillie par Marie-Madeleine sur le tombeau de Lazare [1]. L'eau dans laquelle on a trempé la médaille de saint Benoît, une des plus puissantes amulettes chrétiennes, a les plus grandes vertus, et son efficacité s'étend jusqu'aux animaux. Voici, entre autres guérisons d'animaux, celle d'un chat malade de la gale.

Le visiteur lui conseilla de plonger chaque jour la médaille de Saint-Benoît dans le vase d'eau qu'elle avait coutume de mettre à la portée du chat pour qu'il allât s'y désaltérer. La dame lui objecta qu'elle y avait déjà pensé, mais que, dans la crainte de profaner une chose sainte en l'employant à un usage vulgaire, elle s'en était abstenue. Le visiteur lui répondit que la vertu de la Croix ayant réhabilité la création tout entière, elle pouvait être appliquée à tous les êtres qui sont utiles à l'homme. « Au reste, ajouta-t-il, Dieu sait bien que notre intention est pure, et que nous ne voulons que sa gloire; s'il nous approuve, il guérira la pauvre bête; sinon, elle restera malade et il n'en sera que cela. » Là-dessus, il plongea la médaille dans l'écuelle d'eau et engagea la personne à continuer de le faire jusqu'à parfaite guérison de l'animal. Peu de jours après, la gale avait complètement disparu; le poil était devenu parfaitement propre et l'on put constater une fois de plus que la bonté de Dieu s'étend à toutes ses créatures [2].

C'est par un procédé analogue que dans des centaines d'églises de France — et sans doute aussi des autres pays catholiques — on gratte la statue ou la châsse du saint et on boit l'eau dans laquelle on fait dissoudre cette poussière. Le raisonnement des fidèles est celui-ci. Il y a un personnage surnaturel, saint X... qui guérit ceux qui l'invoquent et surtout de telle maladie; tout ce qui vient de lui participe de sa puissance, — en vertu du principe matérialiste

---

1. *Pèlerinage d'Allouagne près Béthune*, p. 17, cité dans Parfait, *L'Arsenal de la dévotion*, p. 348.

2. Dom Guéranger (abbé de Solesmes), *Essai sur l'origine, la signification et le privilège de la médaille ou croix de saint Benoît*, 9ᵉ éd. (1885), p. 105.

que nous avons déjà signalé ; — à défaut de ses reliques, la châsse où sont ses reliques aura cette vertu ; de même aussi son image, sa statue. Et pour beaucoup de fidèles à l'âme obscure, la statue n'est-elle pas le saint lui-même et un fétiche plus qu'une image ? C'est cet instinct matérialiste des foules qui a donné son importance au culte des images, qui l'a imposé à l'Église, si bien que l'Église a dû l'accepter, quitte à le légitimer par des théories et des distinctions théologiques, lettre morte et incompréhensible pour la foule.

Ici nous sommes forcé de nous borner à quelques exemples caractéristiques :

STATUE DU SAINT. — Au Petit Andely, en Normandie, saint Mamet est invoqué pour les coliques et les convulsions, surtout chez les petits enfants. Suivant le principe de la sympathie — qui est des plus importantes de la médecine populaire — comme c'est du ventre que l'on souffre, c'est au ventre du saint qu'on a recours. Après avoir fait dire un évangile, ce qui ne coûtait autrefois qu'un *patard* (deux sous), on appelle le sacristain.

Celui-ci gratte avec un couteau le ventre du bon saint Mamet : on recueille soigneusement sa raclure et on l'avale dans sa soupe. Une seule pincée de la précieuse poussière, mise dans la bouillie d'un enfant, lui ôte ses convulsions comme par enchantement.

A force de gratter le nombril de ce pauvre saint Mamet, on le lui a usé passablement... Aussi, pour cacher ce trou béant à son abdomen, on y a placé un petit tablier de soie verte qui lui donne l'air d'un cuisinier ou d'un garçon de salle de dissection. Puis de temps en temps, l'honnête sacristain lui remet un peu de baume au cœur au moyen d'une poignée de plâtre... La foi est aveugle et le pèlerin gratte de confiance le ventre toujours nouveau d'un saint qui est toujours le même [1].

1. Boué (de Villiers), *Le Pèlerinage de la fontaine Sainte-Clotilde aux Andelys*, p. 39.

A Aubazine, dans le département de la Corrèze, c'est la tête du saint, patron de l'église, que l'on gratte; « car on attribue à cette poussière la vertu de guérir certaines maladies [1] ».

Saint Guénolé, en latin, *Winwalœus* ou *Guengualocus*, et en français *Guingalois*, est le saint dont le nom est devenu dans la bouche du peuple saint Guignolet. C'est un des saints que les femmes invoquent contre la stérilité. Or, voici comment, au commencement du siècle, les choses se passaient dans un sanctuaire des environs de Brest.

Je ne veux pas sortir de Brest sans faire part encore d'une anecdote assez singulière. Il s'agit d'un saint. Mon intention n'est pas de scandaliser les uns ni de fournir aux autres des réflexions impies. Il fallait donc vous taire, me dira-t-on peut-être; pourquoi parler d'un saint qui est l'objet d'un culte?

Eh bien! j'aurai le courage de le dire; le culte de ce saint est un outrage à l'honnêteté, à la pureté évangélique; il n'est donc pas de la religion; c'est une superstition monstrueuse.

Quel est donc ce saint? ce n'est ni dans Fréret ni dans Voltaire que j'en ai lu le nom et les attributs; je l'ai vu de mes yeux, je l'ai touché de mes mains, ainsi que cinq ou six personnes présentes avec moi.

Au fond du port de Brest, au delà des fortifications, en remontant la rivière, il existait une chapelle, auprès d'une fontaine et d'un petit bois qui couvre la colline, et dans cette chapelle était une statue en pierre, honorée du nom de saint. Si la décence permettait de décrire Priape, avec ses indécents attributs, je peindrais cette statue.

Lorsque je l'ai vue, la chapelle était à moitié démolie et découverte, la statue en dehors, étendue par terre et sans être brisée; de sorte qu'elle existait en entier, et même avec des réparations modernes qui me la firent paraître encore plus scandaleuse.

Les femmes stériles, ou qui craignaient de l'être, allaient à cette statue, et, *après avoir gratté ou raclé ce que je n'ose nom-*

---

1. *Dictionnaire des Pèlerinages* (coll. Migne), t. I, col. 246.

mer et bu cette poudre, infusée dans un verre d'eau de la fontaine, ces femmes s'en retournaient avec l'espoir d'être fertiles [1].

La chapelle est aujourd'hui détruite et la statue disparue. Notre ami M. Luzel nous écrit à ce sujet : « J'ai fait, il y a quelques années, une excursion au fond du port de Brest, le long de la Penfeld, à la recherche de la chapelle et de la statue dont parle Harmand de la Meuse. J'ai bien trouvé l'emplacement de la chapelle, aujourd'hui disparue, mais aucune trace de la statue. Pourtant, son souvenir et celui des pratiques dont elle était l'objet vivent encore dans la tradition orale du pays. »

Ce n'est pas ici un cas isolé du culte du saint de la fécondité, véritable Priape chrétien : on en connaît d'autres exemples ailleurs, quel que soit le nom du saint, et sans doute, si on avait plus de détails sur le culte populaire du Priape antique, lui trouverait-on une origine pré-chrétienne. En effet la plupart des pratiques de la dévotion populaire qui scandalisaient les théologiens philosophes, ou égayaient les esprits forts et les railleurs, ne sont que la continuation de pratiques antérieures au christianisme. — Henri Estienne parle de la statue d'un saint appelé populairement saint Greluchon, qui se trouvait en une abbaye des environs de Romorantin, qu'on invoquait pour le même objet et qu'on grattait au même endroit [2].

On connaît encore d'autres exemples du même remède contre la stérilité des femmes [3].

LE TOMBEAU DU SAINT. — La pratique de gratter les tombeaux des saints, d'en mettre la poussière dans l'eau et de boire cette infusion pour se guérir d'une maladie, est presque aussi ancienne que le christianisme lui-même, car

1. J.-B. Harmand (de la Meuse), *Anecdotes relatives à la Révolution.* Paris, 1820, p. 118.
2. *Apologie pour Hérodote*, ch. XXXVIII.
3. Collin de Plancy, *Dictionnaire critique des reliques*, t. I, p. 383.

il en est fait mention dans de vieux écrivains comme Grégoire de Tours. Celui-ci mentionne, dans l'église de Saint-Vénérand, à Clermont-Ferrand, le tombeau d'un religieux du nom d'Alexandre, tellement gratté qu'il en est tout troué [1]. Le tombeau de l'évêque Thaumastus, à Poitiers, est également percé par la même pratique [2]. A Saint-Martin de Tours, lors d'une épidémie de dysenterie, on eut recours au même traitement avec la poussière du tombeau du saint : Grégoire vit lui-même un dysentérique dont l'état était désespéré, amené à la basilique après une nuit sans sommeil. Après avoir bu du vin où l'on avait mis de la poussière du tombeau du saint, il s'en retourna guéri [3]. Grégoire raconte bien d'autres miracles de ce genre, et il n'y a pas à s'étonner qu'aux époques de foi, et de foi agissante, les tombeaux des saints aient été usés et troués par la piété des malades.

Grégoire de Tours avait une telle confiance dans cette poussière, que partant en voyage pour aller voir sa mère, et craignant d'être malade en route, il emporta de la poussière du tombeau de saint Martin. Comme il était chez sa mère, on lui apprend qu'un enfant du voisinage est malade de la dysenterie et de fièvre, au point de ne pouvoir rien manger. Grégoire fait dissoudre un peu de cette poudre et la fait boire au « moribond »; celui-ci guérit aussitôt. Avec le même remède, il guérit encore plusieurs fiévreux et se guérit lui-même d'un violent mal de dents qui lui avait fait enfler toute la tête; et dans la joie de cette guérison, il s'écrie : « O thériaque inénarrable! O drogue ineffable! O antidote louable! O purgatif que j'appellerai céleste, qui vainc les inventions des médecins, qui dépasse les suavités des parfums, et qui l'emporte sur la puissance de tous les onguents! qui nettoie le ventre comme l'*agri-*

---

1. *De Gloria confessorum*, XXXVI.
2. *Ibid.*, LIII.
3. *De miraculis S. Martini*, II, 51. — Voir aussi, *ibid.*, III, 34.

dium[1], le poumon comme l'hysope, et purge même la tête comme le pyrèthre! Et non seulement elle fortifie les membres débiles, mais ce qui est bien plus important, elle nettoie et aplanit les souillures des consciences[2]. » La poudre d'un tombeau guérissant l'âme aussi bien que le corps, est-il possible de pousser plus loin le fétichisme? Grégoire de Tours était un des hommes les plus instruits et peut-être un des plus éclairés de son temps : on peut juger par là de l'état intellectuel de ses contemporains.

Il n'y a pas de province de France où il n'y ait de nombreux exemples de tombeaux grattés de la même façon. Ce que nous disons de la France est aussi vrai des autres pays chrétiens, et nous gagerions, sans l'avoir vérifié, qu'il en est de même dans les pays musulmans, auprès des tombeaux des marabouts vénérés et des saints de l'Islam. La pratique n'est pas confinée aux classes strictement populaires, car on la voit mentionnée dans des ouvrages de piété, comme on peut juger par ce passage : « Le 20 octobre, raconte un malade d'une communauté de Grenoble, mon état était toujours le même. Ce jour-là, une de nos sœurs arrivée de La Louvesc, avait apporté de la poussière du tombeau de saint François-Régis. La sœur infirmière en mit quelques grains dans une cuillerée qu'elle me fit prendre ; je commençai à me trouver un peu mieux[3]. »

MONUMENTS DIVERS DE L'ÉGLISE. — Dans l'église paroissiale de Poissy, se trouvent (ou du moins se trouvaient) dans une chapelle à gauche de la nef, les fonts baptismaux où l'on a baptisé saint Louis. « On raconte, dit Expilly en 1768, que, par le moyen de la raclure de ces fonts, avalée dans un verre d'eau, Dieu a bien voulu opérer plusieurs fois la

---

1. Nous ignorons quelle est cette plante, dont le nom dérive sans doute du mot latin *æger*.
2. *De miraculis S. Martini*, III, 60.
3. *Histoire de Notre-Dame de Laus*, par le P. Maurel, S. J., 2ᵉ éd., p. 83, cité dans Parfait, *La Foire aux reliques*, p. 388.

guérison de la fièvre[1]. » Et Expilly cite à cet égard l'ex-voto en vers latins d'un docteur ès arts, gravé tout auprès sur une plaque de marbre :

> Fons hic quem cernis, nullas licet egerat undas,
>   Ardentem mira comprimit arte sitim.
> Si quem urit febris, raso de pulvere sumat
>   Pocula, præsentem sentiet æges opem.
> O natura, stupe ! rerum pervertitur ordo,
>   Exstinguit flammas nunc, velut unda, lapis.

Dans la chapelle de Sainte-Barbe, à un kilomètre de l'église paroissiale de Marolles-les-Buis (Eure-et-Loir), « les pèlerins grattent avec un couteau le mur de la chapelle, mêlent dans un verre d'eau la poussière ainsi obtenue, et avalent cette potion pour se guérir de la fièvre. Ce remède n'agit qu'autant qu'on se fait dire au moins un évangile[2]. »

Faut-il rappeler les vertus merveilleuses des « saintes poussières » de Lorette ? « A certains jours, on époussète les murs de la *Santa Casa*; la poussière, recueillie sur des linges gommés, est ensuite renfermée dans de petits reliquaires que les pèlerins peuvent conserver sans crainte, parce qu'ils sont donnés par l'autorité légitime[3]. »

AUTRES MONUMENTS. — Des monuments mégalithiques ou des objets de pierre sont souvent mis en rapport avec les saints par la tradition populaire. Dans ce cas, on a encore recours au grattage ou au lavage.

En Écosse, sur les bords de la Clyde, dans une localité qu'on ne nomme pas, se trouve (ou au moins se trouvait) une pierre appelée le char de saint Convall. D'après la tradition, ce saint serait venu d'Irlande par mer, sur cette

---

1. Expilly, *Dictionnaire géographique des Gaules et de la France*, t. V, p. 716.
2. A. S. Morin, *Le prêtre et le sorcier*, p. 270.
3. Abbé Milochau, *La sainte Maison de Lorette*, p. 126, cité dans Parfait, *La Foire aux reliques*, p. 387.

pierre. — Cette façon de traverser la mer, sur des pierres ou dans des auges en pierre, était familière aux saints celtiques et, dans plusieurs églises de Bretagne, on a conservé, comme preuve authentique, l'auge miraculeuse du saint. — Le char de saint Convall servait à guérir bêtes et gens, grâce à l'eau dont on l'avait lavé [1].

Dans le voisinage de Saint-Léonard-des-Bois (Sarthe), se trouve une sorte de dolmen connu sous le nom de « lit » ou « tombeau de saint Léonard. » Un grand nombre de pierres mégalithiques passent pour avoir servi de lit à des anachorètes et c'est par la trace de leur corps que l'on explique le creux ou le poli ou telle autre particularité de la pierre. — L'une des extrémités de la pierre de saint Léonard est bombée et a un peu la forme d'un oreiller; l'autre est creusée et l'on a cru y voir des traces de pieds humains. De là est venu naturellement la légende. Or, du moment que le saint a couché là, la pierre doit être fétiche, par la raison que tout ce qui a touché aux personnages surnaturels participe de leur puissance. On gratte la mousse qui pousse sur cette pierre et elle guérit la fièvre [2].

Donner plus d'exemples serait fastidieux et n'ajouterait rien au principe de médecine religieuse que nous avons énoncé et démontré par les faits [3]. Une pratique différente par le procédé, mais identique par l'esprit, nous servira de conclusion.

Puisque l'on *boit* l'eau des reliques, on peut aussi les prendre d'une autre manière, car si elles ont de la vertu, elles l'ont certainement par un bout comme par l'autre. Nous n'avons pourtant, dans nos lectures, rencontré qu'un

---

1. Dalyell, *Darker Superstitions of Scotland*, p. 152.
2. Joanne, *Itinéraire de la Bretagne*, éd. de 1873, p. 337.
3. C'est d'après le même principe que l'on attribue des vertus curatives à l'eau dans laquelle on a fait tremper ou bouillir des pierres amulettes, telles que les pierres de tonnerre et autres; mais cela est en dehors de notre sujet.

seul exemple de reliques prises en clystère. Ce mode d'absorption est en effet moins agréable ; il est aussi moins respectueux et de grands personnages seuls ont pu se le permettre. L'exemple que nous avons trouvé est celui d'un duc d'Albe dont parle Saint-Simon, et cela nous rappelle les vers de La Fontaine racontant un trait

> D'une âme espagnole,
> Plus grande encore que folle.

Le duc et la duchesse d'Albe étaient à Paris avec leur fils unique qui avait de sept ou huit ans.... « Tous les vœux et les dévotions singulières que fit la duchesse d'Albe pour obtenir la guérison de son fils surprirent fort ici, jusqu'à lui faire prendre des reliques en poudre par la bouche et en lavement. Enfin il mourut, et son corps fut renvoyé en Espagne en habit de cordelier, autre dévotion espagnole. Ils furent fort affligés, surtout la duchesse d'Albe, avec des éclats étranges. Le roi leur envoya faire compliment, et les fils de France et toute la cour y fut[1]. »

Ce sont là des pratiques qui se rencontrent dans d'autres parties du globe, car la façon dont l'homme sans culture intellectuelle comprend le monde extérieur est toujours et partout la même ; les noms seuls diffèrent. Voici, par exemple, des pratiques de l'Inde que nous fait connaître M. Barth :

Dans les sanctuaires de l'Inde, l'eau qui a servi à faire les ablutions journalières de l'image du dieu, qui est souvent de l'eau du Gange, apportée de fort loin à grands frais, est considérée comme de l' « eau bénite ». Dans plusieurs, quand l'image a un renom particulier de sainteté, cette eau est pieusement recueillie et bue par les fidèles. Il en est de même de celle qui a servi à laver le *linga* (phallus), symbole de Çiva. Comme la cella où se trouve le *linga* est toujours fort étroite, même dans les

---

[1] *Mémoires* de Saint-Simon, éd. Chéruel, t. VII, p. 333.

temples les plus vastes, et que l'entrée en est parfois interdite au public, cette eau est recueillie et conduite au dehors, pour être ainsi utilisée, dans une gouttière qui traverse les parois de l'édifice.

Chez la plupart des sectes, le premier *gourou* (le fondateur de la secte), est regardé comme une incarnation de la divinité et, très souvent, ce privilège a passé par héritage à ses descendants directs, les *gourous* actuels. L'eau dont ces hommes dieux se sont servis pour se laver les pieds ou pour se rincer la bouche, jusqu'à la salive qu'ils rejettent en mâchant le bétel, sont de même recueillies et absorbées par les dévots.

Chez les Hovas de Madagascar il se passe quelque chose de ce genre, le jour de la « fête du bain » (*fandroana*), qui a lieu le 22 novembre, une des plus grandes fêtes du pays, car toutes les affaires chôment pour quelque temps après ce jour. « Le jour de la fête, la reine prend un bain, le seul de l'année, dit-on ; et, lorsqu'elle a regagné ses appartements, on asperge les personnes admises dans la salle de bain avec l'eau ayant servi aux ablutions royales. Heureux sera celui qui aura été le plus trempé [1] ! »

Il ne serait pas difficile de trouver des procédés de ce genre chez les sauvages. Pour se procurer de la chance à la chasse à la baleine, les habitants de l'île Kadjak, près de l'Alaska, emploient le rite suivant. « Ils gardent les corps de leurs hommes célèbres — on pourrait dire : de leurs saints — dans des cavernes éloignées, où ils se réunissent avant la chasse. Le corps est placé dans un ruisseau voisin, et ils en boivent l'eau dans la pensée de s'assimiler de la sorte les qualités du mort [2]. » C'est ici simplement un

---

1. Lettre de Madagascar, du journal *Le Temps*, n° du 17 décembre 1886. — D'après le récit d'un missionnaire, le R. P. Jouen, c'est la reine qui, après avoir pris son bain dans une tente dressée au fond de la grande salle du palais, asperge elle-même l'assistance. « Au sortir du bain elle s'écrie par trois fois : *Masina aho!* « Je suis purifiée ! » Puis, avec une corne de bœuf préparée à cet effet, elle puise de l'eau dans le bain et en asperge l'assistance. » *Ann. de la Propag. de la Foi*, t. XLI, 1869, p. 61.

2. Holmberg, *Völker des russischen Amerika*, Helsingfors, 1855, t. I, p. 111. — Cité dans *Mélusine*, t. III, col. 245.

exemple sauvage de la pratique de l'infusion des reliques.

L'identité psychologique du genre humain répète souvent, comme on voit, les mêmes croyances et, par suite, les mêmes pratiques. Arlequin était plus philosophe qu'il ne pensait, quand il disait dans une comédie italienne : *Tutto'l mondo e fatto come la nostra casa*, « le monde entier est fait comme notre maison ! »

ADDITIONS ET CORRECTIONS

Page 8. — Une variante de la croyance rapportée par Burton se trouve dans Lane, *An Arabic-English Lexicon*, VII, fasc. 2, p. 2626, col. 3 : « Un chien qui a mangé de la chair humaine est, par suite, saisi de ce qui ressemble à de la folie ou à de la possession démoniaque, de sorte que, s'il mord un homme, celui-ci est saisi du même mal, déchire ses vêtements, en blesse d'autres, et à la fin meurt de soif en refusant de boire. » Les mots arabes que Lane donne pour « rage » et « enragé, » dérivent du nom du chien. De même, chez nos Arabes d'Algérie, le mot pour enragé, *mkloub*, signifie littéralement quelque chose comme « enchienné. » (Dussourt, cité plus haut, p. 199, n° 2.)

Pages 61 *et* 103. — Un autre exemple de démoniaque qui aboie, se trouve dans la vie de saint Paul le Simple, anachorète de la Thébaïde. On avait amené à son maître, saint Antoine, un jeune homme possédé du plus mauvais démon, et qui *aboyait comme un chien*. Saint Antoine, ne réussissant pas à le guérir, l'amène à saint Paul, comme plus puissant thaumaturge. Saint Paul l'exorcise avec de grandes peines et fait sortir le démon de son corps, sous la forme d'un dragon long de soixante-dix aunes, qui va se jeter dans la mer Rouge. Cité dans Weingarten, *Der Ursprung des Mœnchtums*, p. 40.

Page 87. — Voici un nouvel exemple d'insuccès mis sur le compte, non du saint, mais des malades. En 1682, à Fresnes-sur-Apance (aujourd'hui département de la Haute-Marne),

Nicolas Mongin, maréchal-taillandier, et Claude Méquien, boucher, sont mordus par un loup enragé. Ils allèrent se faire tailler à Saint-Hubert-d'Ardennes, et n'en moururent pas moins après leur retour. On attribua cela à ce « qu'ils avoient manqué, en retournant, à l'observation de leur règlement, ce qui causa leur mort. » Ils en tirèrent pourtant un certain profit : « Et parce qu'ils avoient été taillez, ils moururent assez paisiblement, sans pouvoir nuire à aucune personne. » (Archives municipales de Fresnes-sur-Apance; registres de la paroisse.) Cet accident ne diminua pas la foi à saint Hubert dans le pays; car, ajoute M. Jules Viard (de qui je tiens ce texte) : « Il y a quinze ans encore, on voyait à Fresnes des médailles fabriquées par des ferblantiers du pays, représentant, au droit, un cerf surmonté d'une croix, et saint Hubert à genoux devant lui. »

Pages 99-103. — C'est, du reste, un usage traditionnel d'abréger les souffrances de ceux que l'on voit lutter contre une mort inévitable. Ainsi on croit qu'un moribond, couché sur de la plume de pigeon, râle indéfiniment sans pouvoir mourir; et par suite de cette croyance, sans avoir égard aux souffrances de ses derniers moments, on ôte les oreillers de dessous sa tête; quelquefois même on le retire du lit pour le mettre par terre. La croyance est si forte en Angleterre que, pour cette raison, il est dangereux de laisser un mourant seul avec des domestiques. (Rolland, *Faune populaire*, t. VI, p. 137, et *Nation* de New-York, 23 décembre 1886, p. 524.) — A Malmédy, on vient dans le même but à une chapelle de Notre-Dame-des-Malades : *neuf* jeunes filles viennent offrir chacune un cierge avec leur prière, ce qui constitue une neuvaine instantanée, dans le but d'abréger l'agonie du malade.

Page 102. — Balzac, l'auteur du livre sur la rage, publié à Tours en 1810, était le père du romancier qui a rendu ce nom célèbre.

Page 103. — Il y a quelques mois, dit un journal de médecine américain, un enfant, atteint d'hydrophobie, dans l'État d'Illinois, a été étouffé sous un oreiller; et à cette occasion on citait un autre exemple d' « assassinat thérapeutique, » accompli un peu auparavant dans le même État, et pour la même cause. (*New-York Medical Journal*, article cité dans la *Nation* de New-York, du 25 novembre 1886, p. 433.)

Page 105, ligne 6, au lieu de : seulement — lire : surtout

Pages 110-111. — Sur cette croyance qui se trouve chez les Gallas, on peut voir aussi un passage des *Annales de la Propagation de la Foi*, t. XXX (1858), p. 51.

Page 112. — Sur le *windigo* et un cas de cannibalisme chez une femme furieuse, on peut voir aussi quelques mots du R.-P. Laverlochère, des missions de la Baie-d'Hudson, dans les *Annales de la Propagation de la Foi*, t. XXIII (1851), p. 209.

Page 155. — La marque des chiens avec la clef de saint Hubert a encore été appliquée à la fin du siècle dernier par ordre d'une autorité municipale. « Je viens de lire dans les feuilles publiques que les autorités de Mannheim ont ordonné de brûler les chiens au front avec la clef de Saint-Hubert, pour les empêcher d'enrager. » G. Ch. Voigt, *Gemeinnützige Abhandlungen*, Leipzig, 1792, p. 14. — Note communiquée par M. Reinhold Kœhler.

Page 147, ligne 15, au lieu de : première — lire : prémice

Page 152, ligne 7, lire : Lauenbourg

Page 153, ligne 26, lire : Dienne. — M. Paul Le Blanc m'apprend aussi que dans un inventaire du château de Dienne (Haute-Auvergne), dressé en 1580, parmi les chambres du château, désignées toutes par des noms divers (chambre des Neuf-Preux, chambre de Saint-Jean, etc.), se trouve une « chambre de Saint-Ubert » (*sic*).

Page 178, ligne 1, lire : *Paotret ann alc'houez*

Page 182, ligne 8, lire : invoque

Pages 196-197. — On peut voir aussi une longue liste de remèdes contre la rage dans A. de Garsault, *Le nouveau parfait maréchal*; Paris, 1781, p. 481. Cette liste commence ainsi : Le bain de mer — le bain d'eau salée — la saumure avalée.....

Page 204, n. 1. — Voici un autre exemple de la même

croyance, provenant de la Corée. Deux jeunes filles chrétiennes sont torturées pour leur foi. « Au milieu de leur supplice, elles étaient comme inondées d'une joie toute céleste, elles ne jetaient ni cris ni soupirs... Le juge, attribuant à la vertu d'un charme une aussi admirable constance, leur fit écrire sur l'épine dorsale des caractères antimagiques ; puis on les transperça, par son ordre, de treize coups d'alènes rougies au feu. Elles demeurèrent comme impassibles.... » (*Annales de la Propagation de la Foi*, t. XVI, 1844, p. 155.) Les mandarins et les indigènes non chrétiens attribuaient souvent cette apparence d'insensibilité à l'eucharistie, prenant ainsi pour un effet physique ce qui était un effet moral et spirituel. « Là [dans les prétoires du Tonkin] était proclamée la divine vertu de l'Eucharistie, et c'étaient les mandarins qui en faisaient l'aveu, en se disant pour expliquer leur défaite : *Celui-ci a sans doute mangé de ce pain enchanté qui ensorcelle les âmes.* » (*Ann. Prop. de la Foi*, t. XXVII, 1855, p. 267.) — De même en Chine : « Aussi, bien des payens blâmaient-ils la constance de ces chrétiens et la traitaient-ils d'*obstination insensée*. D'autres croyaient en trouver le secret dans certaines pilules que les chefs de religion distribuent aux fidèles dans les assemblées religieuses. » (*Ibid.*, t. XXX, 1858, p. 465.)

L'auteur fait appel à la bienveillance du lecteur pour corriger de grossières fautes d'impressions comme *cusinier* pour *cuisinier* (p. 16, l. 18), *auquel* pour *à laquelle* (p. 97, l. 27), etc. — Le nom du théologien cité p. 82, doit être écrit : Jacques de Saintebeuve.

TABLE DES MATIÈRES

	Pages
INTRODUCTION.	1
CHAPITRE PREMIER : LA RAGE DANS L'ANTIQUITÉ CLASSIQUE ; SES CAUSES ; SURVIVANCES THÉRAPEUTIQUES.	5
§ 1. Causes de la rage.	6
§ 2. Remèdes sympathiques.	8
§ 3. Croyances diverses.	12
§ 4. Fontaine; terre sacrée; temple d'Artémis.	14
§ 5. L'âne est-il enragé ?	16
§ 6. La mer et la rage.	18
§ 7. La cautérisation.	20
CHAPITRE DEUXIÈME : SAINT HUBERT ET SA LÉGENDE.	25
§ 1. La légende.	25
§ 2. L'histoire.	30
§ 3. Le mythe.	35
§ 4. Le miracle du cerf.	42
CHAPITRE TROISIÈME : SAINT-HUBERT GUÉRISSEUR DE LA RAGE ; SON PÈLERINAGE ET SON CULTE.	51
§ 1. L'abbaye et le village.	51
§ 2. Le corps du saint.	56
§ 3. Les reliques ; la Sainte-Étole.	59
§ 4. La taille et le répit.	67
§ 5. Le point de vue religieux ; opinion de docteurs graves ; que faut-il penser de ces pratiques et de leur efficacité au point de vue religieux ?	76
§ 6. Le point de vue humain.	87
§ 7. L'imagination et la rage ; les aboyeuses de Josselin.	99
§ 8. Les chevaliers de Saint-Hubert.	112
§ 9. Les colporteurs de Saint-Hubert.	119
§ 10. Les clefs ou cornets de Saint-Hubert.	126

	Pages.
§ 11. La véritable clef de Saint-Hubert......	133
§ 12. Excommunication des ennemis de saint Hubert et de son monastère......	138
§ 13. La confrérie de Saint-Hubert	140
§ 14. Le pèlerinage de Saint-Hubert	142
§ 14 bis. La fête de saint Hubert et la messe des chiens... .	145
§ 15. Le culte de saint Hubert	152
§ 16. Les ordres et confréries de saint Hubert............	156
Chapitre quatrième : La cautérisation sacrée.	161
Chapitre cinquième : Actres saints antirabiques	173
Chapitre sixième : Recettes et remèdes profanes	187
§ 1. Comment on se préserve de la rage...	187
§ 2. Comment on guérit la morsure du chien enragé........	190
Appendice.....	203
De l'emploi thérapeutique des reliques, à l'intérieur...... ..	203
Additions et corrections	219

ANGERS, IMPRIMERIE A. BURDIN ET Cⁱᵉ, RUE ... ...ER, 4.

ANGERS, IMPRIMERIE BURDIN ET Cie, RUE GARNIER

www.ingramcontent.com/pod-product-compliance
Lightning Source LLC
Chambersburg PA
CBHW071942160426
43198CB00011B/1511